Marte y Venus en el dormitorio

JOHN GRAY

John Gray es doctor en psicología y autor de dieciséis bestsellers, incluyendo el famoso *Los hombres son de Marte, las mujeres de Venus*, uno de los libros más exitosos de los últimos años, traducido a más de cuarenta idiomas y del que en total se han vendido más de cincuenta millones de ejemplares en todo el mundo. Internacionalmente reconocido como experto en comunicación, relaciones y desarrollo personal, Gray ha dirigido seminarios de autoayuda durante casi tres décadas, y participa asiduamente en programas de radio y televisión, además de colaborar en la prensa escrita. Es miembro del American Board of Medical Psychotherapists and Psychodiagnosticians y de la American Counseling Association.

Marte y Venus en el dormitorio

Amor y pasión duraderos
en la vida de la pareja

JOHN GRAY

Traducción de
Mercedes Cernicharo
y Dimas Mas

VINTAGE ESPAÑOL
Una división de Random House LLC
Nueva York

PRIMERA EDICIÓN VINTAGE ESPAÑOL, ABRIL 2014

Información de catalogación de publicaciones disponible en la
Biblioteca del Congreso de los Estados Unidos.

**Vintage ISBN en tapa blanda: 978-0-8041-7110-6
Vintage eBook ISBN: 978-0-8041-7111-3**

*Para venta exclusiva en EE.UU., Canadá,
Puerto Rico y Filipinas.*

www.vintageespanol.com

Impreso en los Estados Unidos de América
10   9   8   7   6   5   4   3   2   1

*ESTE LIBRO SE LO DEDICO A MI ESPOSA, BONNIE,
cuya amplitud de miras, creatividad y amor
continúan inspirando mis escritos y ahondando
mi comprensión de las relaciones humanas.*

Índice

Marte y Venus
en el dormitorio

Agradecimientos

Quiero agradecer a mi esposa, Bonnie, una vez más, el que haya compartido conmigo la aventura de crear un nuevo libro. Le agradezco su permanente paciencia y su apoyo creativo a la hora de ayudarme a tener éxito como amante enamorado. También le agradezco que me haya permitido compartir nuestras historias, y especialmente por ensanchar mi capacidad de comprensión y la habilidad para hacerle honor a la perspectiva femenina. Sus penetrantes sugerencias y comentarios han supuesto un equilibrio importante y necesario.

Agradezco a mi agente, Patti Breitman, su ayuda, su brillante creatividad y su entusiasmo, los cuales han guiado este libro desde su concepción hasta su finalización. Patti es un ángel muy especial en mi vida. Le doy las gracias, asimismo, a Carole Bidnick, quien nos puso en contacto a Patti y a mí para nuestro primer proyecto editorial: *Los hombres son de Marte, las mujeres de Venus*.

Agradezco a Nancy Peske su permanente experiencia editorial y su creatividad a lo largo de todo el proceso. A Jack McKeown su interés y su compromiso con este proyecto desde el principio y por la ayuda de la Dirección de Harper-Collins por su receptividad respecto a mis necesidades.

Quiero agradecerles, a Michael Najarian y a su esposa, Susan, la exitosa organización de tantos seminarios. A Michael le agradezco las muchas horas extra de planificación creativa, y el importante y penetrante aporte de información que me ha proporcionado para desarrollar esta materia. Quiero agradecerles, a los distintos promotores y organizadores, los seminarios que, con tanto entusiasmo, organizaron para que yo enseñara y desarrollara el material de este libro: Elly e Ian Coren en Santa Cruz; Ellis y Consuelo Goldfrit en Santa Cruz; Sandee Mac en Houston; Richi y Debra Mudd en Honolulú; Garry Francell en Honolulú; Bill y Judy Elbring de *Life Partners* en San Francisco; David Farlow y Julie Ricksacker en San Diego; David y Marci Obstfeld en Detroit; Fred Kleiner y Mary Wright en Washington; Clark y Dotti Bartells en Seattle; Earlene y Jim Carillo en Las Vegas; Bart y Merril Berens en Los Ángeles; y Grace Merrick, de la Iglesia de la Unidad de Dallas.

Agradezco a John Vestman, de Trianon Studios, las expertas grabaciones que realizó de mis seminarios. Y también a Dave Morton y a la Dirección de Cassete Express su interés por este material y por la calidad de sus servicios.

Le agradezco a Ramy El-Batrawi y a su esposa, Ronda, de *Genesis-Nuborn Productions*, la competente campaña de publicidad sobre la disponibilidad audiovisual de mis seminarios.

Y a mis secretarias, Ariana Husband y Susie Harris, su duro trabajo, su devoción y la eficiente organización de mi agenda y del despacho.

Le doy las gracias a mi quiromasajista, Terry Safford, por el increíble apoyo que me brindó, dos veces por semana, durante los seis meses intensivos que trabajé en este proyecto. Asimismo, le agradezco a Raymond Himmel sus muchas sesiones de acupuntura al acabar este proyecto, sesiones que tuvieron la virtud de sanarme del aturdimiento y del agotamiento. También le agradezco a mi amiga Renee Swisko sus sorprendentes y poderosas sesiones curativas tanto conmigo como con el resto de mi familia.

Agradezco a mis amigos y asociados su honestidad al compartir ideas y conocimientos conmigo: Clifford McGuire, Jim Kennedy y Ann Everest, John y Bonnie Grey, Reggie y Andrea Henkart, Lee y Joyce Shapiro, Gabriel Grunfeld, Harold Bloomfield y Sirah Vittese, Jordan Paul, Lenny Eiger, Charles Wood, Jacques Early, Chris Johns, Mike Bosch y Doug Aarons.

Le agradezco a Oprah su calor humano y la oportunidad de tratar libremente acerca de mis ideas en su show, ante más de 30 millones de espectadores.

Quiero agradecerles a miles y miles de participantes en mis seminarios el que compartieran conmigo sus historias personales y me animaran a escribir este libro. Su ayuda positiva y cariñosa, junto con las miles de llamadas y cartas de apoyo que he recibido, continúan sirviéndome de acicate para desarrollar y conformar los principios sostenidos en este libro.

En particular, merced al éxito de mis libros anteriores, quiero agradecer a millones de lectores no sólo que hayan compartido mis libros con otros, sino que las ideas en ellos contenidas sigan siéndoles útiles en sus vidas y sus relaciones.

Quiero, finalmente, agradecerle a Dios la oportunidad de hacer algo diferente en este mundo y la sencilla pero eficaz sabiduría que me ha sido concedida y que yo ofrezco en este libro.

Introducción

Él quiere sexo. Ella, amor. A veces parece como si nuestras parejas fueran de planetas diferentes; como si él fuera de Marte y ella de Venus. En el dormitorio es obvio que hombres y mujeres son diferentes, pero puede que no nos demos cuenta de lo diferentes que en realidad somos. Sólo a través de la comprensión y aceptación de nuestras diferencias, las obvias y las no tan obvias, podemos conseguir una intimidad verdadera y una sexualidad satisfactoria.

POR QUÉ EL SEXO ES TAN IMPORTANTE

Todos sabemos que el sexo suele ser más importante para los hombres, mientras que el enamoramiento lo es para las mujeres; pero generalmente no sabemos por qué, a qué se debe ese fenómeno. Sin una profunda comprensión de esa diferencia fundamental, las mujeres suelen subestimar la importancia del sexo para los hombres y muy a menudo los juzgan superficiales por desear sólo una cosa.

Los juicios de una mujer se hacen más benévolos cuando descubre las razones reales por las que algunos hombres parece que sólo deseen el sexo. Con una comprensión más profunda de nuestras diferencias sexuales, basada en el desarrollo histórico y en los condicionamientos sociales, la mujer puede empezar a entender por qué, para muchos hombres, la excitación sexual es la clave que les ayuda a sentirse más unidos a sus parejas y a vivir plenamente sus sentimientos amorosos.

*Para muchos hombres, la excitación sexual es la clave
que les ayuda a sentirse más unidos a sus parejas y a
realizar sus sentimientos amorosos.*

A través del sexo se abre el corazón de un hombre, permitiéndole experimentar tanto sus sentimientos amorosos como su hambre amorosa. Irónicamente, es el sexo lo que le permite a un hombre sentir su necesidad de amor, mientras que el ser amada es lo que ayuda a una mujer a sentir su hambre sexual.

*El sexo permite a un hombre sentir su necesidad de
amor, mientras que ser amada es lo que ayuda a una
mujer a sentir su hambre sexual.*

El hombre a menudo malinterpreta la necesidad real de enamoramiento de la mujer, y puede llegar a la conclusión de que ella rechaza el sexo. Cuando él quiere tener relaciones sexuales y a ella no le apetecen, no está de humor, lo malinterpreta y se siente rechazado. El hombre no se da cuenta instintivamente de que una mujer suele necesitar sentirse enamorada antes de que se despierte en ella el deseo sexual.

De igual modo que una mujer necesita establecer una buena comunicación con su pareja para sentirse amada y amante, un hombre lo que necesita es sexo. Ciertamente, un hombre puede sentirse amado de otras maneras, pero el modo más poderoso en que el amor de una mujer puede llegar a su alma y abrir su corazón es a través del sexo, y tanto más cuanto más satisfactorio sea.

LO QUE CONVIERTE AL SEXO EN ALGO FANTÁSTICO

Idealmente, para que el sexo sea una experiencia fantástica, debe haber cariño, intercomunicación y un apoyo mutuo en la relación. Esto es el primer paso. Cuando la comunicación funciona, todas las habilidades de alcoba tratadas en este libro pueden ser, en su mayoría, fácilmente puestas en práctica.

Si la comunicación en una relación es adecuada, leer y usar las ideas de este libro incrementará notablemente la pasión y la calidad del sexo que se practique. Cuando el sexo es más gratificante, la relación mejora notablemente. A través de la fantástica experiencia del sexo, el hombre comienza a sentir más amor y, a consecuencia de ello, la mujer empieza a conseguir el amor que echaba de menos. Automáticamente, la comunicación y la intimidad mejoran.

Si las relaciones sexuales son más satisfactorias, la relación en su conjunto, de modo automático, se vuelve más satisfactoria.

Cuando una pareja tiene problemas en su relación, a veces, en vez de concentrarse en los problemas, es mejor coger el atajo de un contacto sexual intenso: inmediatamente simplifica los problemas y los hace más fáciles de resolver. Para resolver lo más eficazmente los problemas de pareja, te recomiendo que leas mis otros libros: *Lo que tu madre no te dijo y tu padre no sabía* y *Los hombres son de Marte, las mujeres de Venus*. A veces, sin embargo, el modo más eficaz de reavivar una relación es aprender las habilidades de alcoba que permitan mejorar la calidad de las relaciones sexuales.

Una relación sexual extraordinaria es el modo más eficaz de abrir el corazón de un hombre y de ayudarle a sentir y a expresar su amor a una mujer. Una excelente relación sexual ablanda el corazón de una mujer y la ayuda a relajarse y a recibir el apoyo de su pareja en otras áreas de su relación. Este ablandamiento de sus sentimientos mejora radicalmente su habilidad para comunicarse, de modo que su pareja, al oírla, no se ponga a la defensiva. Esta mejora sustancial de la comunicación contribuye a crear las bases para que se siga viviendo la sexualidad con pasión.

Una relación sexual fantástica es el modo más eficaz de abrir el corazón de un hombre y de ayudarle a sentir y a expresar su amor a una mujer.

Mientras que muchos libros útiles se centran en la mecánica del sexo, este libro se centra en la mecánica de asegurarte las relaciones sexuales. A través de nuevos acercamientos para establecer la comunicación, aprenderás cómo iniciar relaciones sexuales que te aseguren que tanto tu pareja, como tus necesidades, se vean plenamente satisfechas. Además, exploraremos las diferencias psicológicas entre hombres y mujeres de modo que te ayuden a entender qué es lo que mejor puede funcionar con tu pareja.

La mayoría de los libros se centran en lo que, físicamente, necesitan los hombres y las mujeres; pero pocos tratan también sus necesidades psicológicas específicas. Este libro lleva a los hombres y a las mujeres hacia una realización sexual al tiempo física y emocional. No sólo los hombres agradecen que las mujeres aprendan estos conocimientos, sino que la propia mujer experimenta una felicidad mayor dentro y fuera del dormitorio.

Yo recibo muchas cartas de parejas que, tras asistir a mis seminarios, dicen que ahora disfrutan de unas relaciones sexuales como no las habían tenido nunca antes. A veces esas parejas llevan casadas unos pocos años; pero otras llevan más de treinta años de casados.

HABILIDADES DE ALCOBA PERFECCIONADAS

Las mujeres esperan hoy del sexo bastante más de lo que esperaron nunca de él con anterioridad. Era usual que el sexo fuera, básicamente, el modo como la mujer satisfacía a su marido. Para muchas de nuestras madres, el sexo era algo que hacían para ellos, no para sí mismas. Pero ahora que el control de natalidad es más fiable, está al alcance de casi todos, y que la sociedad acepta mucho mejor las necesidades y deseos sexuales de las mujeres, éstas tienen la posibilidad de explorar su lado sensual y disfrutar de él. Para muchas mujeres, un creciente interés por el sexo refleja su necesidad de hallar un equilibrio personal interior reconociendo su lado femenino y conectando más profundamente con él.

Después de pasar la mayor parte del día haciendo un trabajo tradicionalmente masculino, ella también quiere una «esposa» que la reciba amorosamente cuando llega a casa. También quiere disfrutar de la relajación que proporciona el sexo. El sexo gratificante la llena tanto como pueda llenarlo a él. Para afrontar el estrés del mundo moderno, no es sólo el hombre el que necesita el apoyo de la mujer, sino también al revés. A través del aprendizaje de nuevas habilidades para desarrollar una relación, los hombres y las mujeres pueden solucionar este problema juntos.

Así pues, las habilidades de alcoba son necesarias, si de lo que se trata es de que un hombre sea capaz de ofrecer a su pareja el grado de cumplimiento sexual que ella exige ahora. Las habilidades tradicionales que han usado durante siglos los hombres y las mujeres se han quedado obsoletas. A un hombre ya no le basta con tener un modo de actuación con una mujer. Ellas quieren más. Quieren sus orgasmos. Él, en consecuencia, ha de aprender cómo desean ellas que actúe.

De igual modo que las mujeres quieren más, también quieren algo más los hombres. Los hombres no piensan renunciar a la pasión en sus relaciones. Por eso, cada vez más, hombres y mujeres prefieren el divorcio a mantener un matrimonio sin pasión.

Sin embargo, el sexo tampoco abandonará fácilmente el viejo esquema del hombre que tiene discretos asuntillos para satisfacer su pasión sexual, mientras que la mujer sacrifica sus necesidades pasionales en aras de la unidad familiar. El sida y otras enfermedades de transmisión sexual hacen, no obstante, que las aventuras extramaritales sean bastante más peligrosas de lo que lo fueron en el pasado. Un hombre moderno quiere que su pareja valore el sexo de un modo que le permita permanecer unido apasionadamente a ella. Y para llegar a esto se requiere que tanto los hombres como las mujeres dominen las más perfectas habilidades de alcoba imaginables.

En los primeros doce capítulos de *Marte y Venus en el*

dormitorio exploraremos cómo crear el sexo más glorioso; y en el capítulo trece, la importancia del enamoramiento fuera del dormitorio para mantener viva la pasión.

POR QUÉ LAS PAREJAS DEJAN DE TENER RELACIONES SEXUALES

Por lo común, después de llevar casados varios años, un miembro de la pareja deja de desear el sexo. Aunque la pareja siente como si él, o ella, simplemente ha perdido interés en el sexo, el desinterés viene provocado realmente por el hecho de que no se dan las condiciones necesarias para desearlo. A través de *Marte y Venus en el dormitorio* exploraremos estas diferentes necesidades en detalle. Muchas veces, los hombres y las mujeres no saben con claridad cuáles son sus necesidades o cómo descubrirlas. Antes que sentirse frustrados, se limitan a perder interés.

Sorprendentemente, en mis seminarios son principalmente las mujeres quienes se acercan a mí en los intermedios y me cuentan que sus maridos han dejado de interesarse por el sexo. Ciertamente no es inusual que los hombres deseen más el sexo que sus parejas, pero da igual qué miembro de la pareja sea el que pierde interés: la pasión puede ser reavivada con las más avanzadas técnicas de alcoba.

CÓMO COMPARTIR ESTE LIBRO CON TU PAREJA

Este es un libro entretenido y no demasiado técnico. Premeditadamente he querido que muchos capítulos de este libro sean breves, para que puedas abandonar la lectura y pasártelo bien practicando alguna de estas nuevas habilidades de alcoba.

Si una mujer sugiere a un hombre que lea este libro, es importante que no le dé a entender que él lo necesita o que ella quiere que mejore su vida sexual. Puede sonarle demasiado serio, e incluso insinuar indirectamente que él no es lo bastante bueno, o que necesita mejorar; se sentirá insultado por un acercamiento semejante.

En su lugar, debería decir: «Leamos este libro sobre el sexo. Es realmente divertido» o «Este es realmente un libro sexy. Leámoslo juntos, turnándonos». Él responderá más positivamente si ve que ella quiere intentar algo nuevo con él.

Cuando un hombre anima a una mujer a que lea este libro, debe usar básicamente el mismo tipo de aproximación, pero ha de ser cuidadoso y no insistir demasiado. Si ella se resiste, él puede leerlo para sí y comenzar a usar muchas de las técnicas pertinentes. A medida que vaya teniendo éxito al aplicarlas, ella arderá en deseos de leer el libro.

Sea como fuere, si tu pareja se resiste, di elegantemente que muy bien, que ningún problema, y lee tú el libro. De hecho, el hombre se interesará en lo que la mujer está leyendo si él ve que ella está empeñada en conseguir un sexo más gratificante. Igualmente, la mujer se interesará más en compartir la lectura de este libro cuando el hombre comience a poner en práctica sus nuevas habilidades.

Si tu pareja no parece estar interesada, deja descuidadamente el libro por el dormitorio, o en el cuarto de baño, y la curiosidad bastará para motivarlo o motivarla sin que tú hayas de hacer nada más al respecto.

La lectura en voz alta de este libro, junto con tu pareja, puede ayudarte a expresar tus sentimientos acerca del sexo de un modo más fácil. Haciendo una sencilla entonación de voz de entusiasmo o de placer para acompañar un pasaje de la lectura puedes hacer llegar a tu pareja un importante mensaje lleno de contenido. De un modo positivo puedes compartir ideas que habíais evitado expresar por temor de que pudieran percibirse críticas con un afán de control. Ver algo por escrito ayuda mejor a aceptarlo.

Otra aproximación consiste en que cada miembro de la pareja lea el libro a solas y después se junten para llevarlo a la práctica. No obstante, ayuda mucho a mejorar la comunicación el hecho de leer juntos, en voz alta, al menos aquellos pasajes que más os hayan gustado.

Con frecuencia, una mujer duda a la hora de describir qué

es lo que le gusta sexualmente, porque ella no quiere que su pareja siga mecánicamente sus instrucciones. Leer acerca de las posibles habilidades sexuales proporcionará a ambos, hombres y mujeres, un buen caudal de aproximaciones con las que ir experimentando. Esta novedad puede ayudar a las parejas a descubrir nuevas pasiones. El objetivo de este libro no consiste sólo en educar, sino también en inspirar.

Los hombres a veces me dicen que ya saben de sobra todo lo que les explico acerca del sexo, pero no está mal que se les repita desde una perspectiva tan positiva. El mero hecho de hablar acerca del sexo, o de leer sobre él, puede desatar nuevas pasiones.

Yo recomiendo que, después de intentar algunos de estos acercamientos, una pareja continúe hablando de tanto en cuanto acerca de sus preferencias particulares. Algunas de estas habilidades o acercamientos pueden ser deseables para ti, pero no para tu pareja. En algunos casos, con el tiempo, tu pareja puede cambiar de opinión, y darse el hecho de que le empiecen a gustar ciertas cosas y a no gustarle otras.

Es importantísimo que no le pidas a tu pareja nada que la incomode, ni tampoco que hagas algo que ella o él no quieren hacer. El sexo es un bien precioso que dos personas pueden ofrecerse mutuamente cuando se aman la una a la otra.

Lo mejor es hacerse con esta información y después usar aquello que se desee, como si de escoger de un bufé se tratase. Lo que a unos les gusta, a otros no. Tú nunca querrías convencer a tu pareja de que por el hecho de que a ti te gusten las patatas hayan de gustarle a ella, ni se te ocurriría juzgarla por eso.

Para que el sexo y la pasión crezcan a medida que pasa el tiempo, es importante que no nos sintamos criticados o juzgados por nuestros deseos y caprichos. Deberíamos intentar acercarnos al sexo sin prejuicios.

Yo ofrezco este libro como recordatorio de las muchísimas cosas que probablemente ya conoces de una forma intuitiva. Personalmente me he beneficiado muchísimo de cada una de las ideas que expongo, como les ha ocurrido a miles de personas a las que he aconsejado o que han asistido a mis seminarios. Espero que disfrutes de este libro y que continúes disfrutando de sus ideas para el resto de tus días y de tus noches.

El sexo gratificante es un regalo de Dios para aquellos que están comprometidos en la creación de relaciones basadas en el cariño y en la ayuda mutua. El sexo gratificante es tu recompensa, y tú te la mereces.

John GRAY
29 de abril de 1994

NOTA ESPECIAL

Este libro está concebido para parejas que están comprometidas en una relación monógama. Si no es ese tu caso, o si no estás absolutamente seguro, al ciento por ciento, de que tu pareja no es seropositiva, por tu propia seguridad y por respeto a ti mismo, deberías practicar un sexo seguro. Muchos libros explican cómo practicar sexo seguro sin sacrificar la espontaneidad y el placer, y yo te insto a aprender cómo protegerte del virus del sida y de cualesquiera otras enfermedades de transmisión sexual.

Es especialmente importante para las mujeres tomar precauciones. En una relación heterosexual, las mujeres tienen mayor riesgo que los hombres de ser contagiadas por el virus del sida, porque durante el coito el virus, si está presente en el semen del hombre, puede entrar en su corriente sanguínea a través de pequeñas gotitas en su vagina, gotas que comúnmente suelen caer durante el coito. A algunas mujeres les resulta difícil insistir en que un hombre use el condón, cada vez que tienen relaciones sexuales, para protegerla. Las mujeres necesitan recordar que sus vidas y su salud son demasiado importantes como para arriesgarlas sólo porque él no quiere reducir su sensibilidad usando un condón. Muchas marcas de condón y lubricantes ayudan a limitar la pérdida de sensibilidad, y hay muchas maneras divertidas de incorporar el condón en el curso de un encuentro sexual. Por otro lado, cuando la sensibilidad de un hombre se reduce por usar un condón, le cuesta menos retener la eyaculación antes de que ella esté satisfecha, y, cuanto más tiempo sea capaz de retenerla, según lo explico detalladamente en el capítulo 9, su orgasmo será más intenso.

Los hombres deben tener presente que es en extremo dificultoso para una mujer relajarse, confiar en su pareja y disfrutar verdaderamente del sexo si está preocupada por ser infectada con el virus del sida, o por cualquier otra enfermedad de transmisión sexual, o simplemente cuando tiene miedo de quedarse embarazada. En el acaloramiento del momento, a un hombre le resulta fácil olvidarse de las consecuencias del sexo no seguro; pero si él asume la responsabilidad de recordar que debe protegerla, ella lo agradecerá mucho más e incluso será más abierta e íntima durante la relación sexual, porque se sentirá segura.

Si tú estás comprometido en una relación monógama y has perseverado en ella durante más de seis meses por lo menos, puedes hacerte las pruebas del sida, pues el virus no aparece en la sangre hasta seis meses después del contagio. Pide a tu médico del seguro que os hagan la prueba a ti y a tu pareja.

1

Meritorias habilidades de alcoba para una sexualidad más gratificante

Una de las recompensas especiales por aprender y aplicar las meritorias habilidades de alcoba es que la relación sexual mejora enormemente. Al igual que unas vacaciones fabulosas, después de habérselas ganado uno duramente en el trabajo, o un paseo sensual a través del bosque en un soleado día de primavera, o el regocijo indescriptible de coronar la cima de una montaña, una sexualidad gratificante no sólo es una recompensa, sino algo que puede rejuvenecer el cuerpo, la mente y el alma. Vuelve más luminosos nuestros días y ensancha nuestras relaciones de un modo esencial.

Una sexualidad gratificante no es sólo el síntoma de una relación apasionada, sino también un importantísimo factor para crearla. La sexualidad gratificante nos llena de amor el corazón y puede satisfacer casi todas nuestras necesidades emocionales. El sexo cariñoso, el sexo apasionado, el sexo sensual, el sexo espaciado, el sexo urgente, el sexo inesperado, el sexo de *gourmet*, el sexo juguetón, el sexo tierno, el sexo blando, el sexo duro, el sexo romántico, el sexo egoísta, el sexo erótico, el sexo simple, el sexo frío y el sexo caliente son facetas importantes en la labor de mantener viva la pasión del amor.

Una sexualidad gratificante no sólo es el síntoma de una apasionada relación, sino también un importantísimo factor para crearla.

Una sexualidad gratificante para las mujeres

La sexualidad gratificante ablanda a la mujer y la predispone a experimentar el amor en su corazón y a reconocer el amor de su pareja por ella de un modo definitivo. La habilidad de su pareja, sus sabias caricias y atenciones, no dejan lugar a dudas sobre lo importante que ella es para él. La sed de amor que lleva dentro de su alma es satisfecha por la completa y apasionada atención de su pareja. Una cierta tensión, que siempre está presente, puede ser relegada a medida que la mujer se rinda una vez más a los más hondos deseos de su ser femenino. Su pasión de amar y de ser amada puede ser totalmente sentida y satisfecha.

Una sexualidad gratificante para los hombres

Una sexualidad gratificante libera a un hombre de todas sus frustraciones y le permite avivar su pasión y su compromiso de pareja. De entrada, experimenta los resultados de sus esfuerzos. La satisfacción que demuestra su pareja es su última batalla y su victoria total. Su respuesta cálida y húmeda excita, electriza y despierta las más profundas fibras de su masculinidad. ¡Las puertas de la Gloria se abren y él ha llegado hasta allí! A través de la satisfacción de su pareja, él siente que ha cumplido y que su amor es apreciado en lo que vale. Su a veces escondido, pero siempre presente, deseo de amar y de ser amado se siente y se satisface en la medida en que él regresa a su mundo aún permaneciendo dentro de ella.

Una sexualidad gratificante para la relación de pareja

La sexualidad gratificante recuerda a ambos, hombres y mujeres, el más tierno e intenso amor que les unió de buen comienzo. La alquimia del sexo gratificante genera la química cerebral y corporal que permite la más cumplida alegría en ambos miembros de la pareja. Aumenta la atracción mutua, estimula una mayor energía e incluso promueve una mejor salud.[1] No nos proporciona únicamente el deslumbramiento de la vitalidad juvenil, sino también un depurado sentido de la belleza y una capacidad de aprecio, no sólo interindividual. El sexo gratificante es un regalo divino muy especial para todos aquellos que dedican su esfuerzo a convertir el amor en una prioridad en sus vidas.

La principal característica que distingue a un matrimonio de una relación amistosa es la sexualidad. Ésta alimenta, directamente, nuestros lados masculino y femenino más que cualquier otra actividad que una pareja pueda compartir. La sexualidad gratificante es un sedante para una mujer y le ayuda a seguir en contacto con su lado femenino; mientras que al hombre le excita y le conecta con su lado masculino. El sexo tiene un tremendo poder para acercarnos o alejarnos a unos de otros.

Para crear una sexualidad gratificante, no basta con que los hombres o las mujeres sigan sus instintos ancestrales. Así como los tiempos cambian, la calidad del sexo se ha convertido en algo bastante más importante. Nuestras madres no podían contarnos, y nuestros padres lo ignoraban, los secretos de la sexualidad gratificante. De igual modo que las habilidades para relacionarse y comunicarse han cambiado, también han cambiado las habilidades relativas a la sexualidad. Para satisfacer a nuestras parejas en la cama se requieren nuevas habilidades.

Sin una clara comprensión de nuestras diferentes exigencias sexuales, después de unos pocos años —a veces sólo es cuestión de meses—, el sexo deviene rutinario y mecánico. Haciendo unos pocos pero significativos cambios, nosotros podemos superar definitivamente ese modelo.

1. En su libro, *The Power of Fire*, Harold Bloomfield, doctor en medicina, revela que el sexo frecuente es vital para mantener altos niveles de estrógeno en las mujeres. Una mayor cantidad de estrógenos implica unos huesos más sólidos, mejor condición cardiovascular y una mayor felicidad vital. Los hombres que practican el sexo con frecuencia tienen mayor nivel de testosterona, lo que aumenta la confianza, la vitalidad, la fuerza y la energía.

A LAS MUJERES LES ENCANTA LA SEXUALIDAD GRATIFICANTE

La sexualidad gratificante requiere una actitud positiva hacia el sexo. Para que un hombre se sienta atraído por su pareja, necesita saber que a ella le gusta el sexo tanto como a él. A menudo un hombre se sentirá derrotado sexualmente porque él, malinterpretándolo, capta el mensaje de que a su pareja ya no le interesa el sexo. Sin una profunda comprensión de la diferente manera en que hombres y mujeres concebimos el sexo es bastante fácil sentirse descorazonado.

Las mujeres aman la sexualidad gratificante tanto como los hombres. La diferencia entre una mujer y un hombre consiste en que ella no siente un fuerte impulso sexual si su necesidad de enamoramiento no ha sido satisfecha. Lo más importante es que ella necesita en primer lugar sentirse amada, y especialmente por un hombre. Cuando su corazón se abre así, su centro sexual comienza a abrirse, y siente un deseo igual o superior al que experimenta cualquier hombre. Para ella, el amor es mucho más importante que el sexo; pero en la medida en que su necesidad de amor se satisface, la importancia del sexo se incrementa radicalmente.

> *Las mujeres aman la sexualidad gratificante tanto como los hombres; pero, para sentirse excitadas, plantean más requisitos.*

Incluso si una mujer no se siente amada, pero percibe la posibilidad de serlo, puede empezar a sentir sus más profundos deseos sexuales. Hablando en general, no obstante, un hombre sólo necesita la ocasión y el sitio adecuados para ser excitado. Al comienzo de una relación, la excitación sexual es bastante más automática y rápida en él.

> *Al comienzo de una relación, la excitación sexual es bastante más automática y rápida en un hombre.*

Esta diferencia se refleja fisiológicamente. Las hormonas que en un cuerpo masculino son las responsables de la excitación, se forman rápidamente y con idéntica rapidez se desvanecen tras la consecución del orgasmo. En el caso de la mujer, la excitación se origina lentamente y bastante antes de que se convierta en un deseo físico del sexo. Antes de desear la estimulación sexual, una mujer primero se siente cálida, sensual y atractiva. Se siente atraída por un hombre y disfruta compartiendo el tiempo con él. Puede que pasen incluso hasta días antes de que ella desee tener relaciones sexuales.

En el caso de la mujer, la excitación se origina lentamente, y bastante antes de que se convierta en un deseo físico del sexo. A un hombre le resulta difícil comprender las necesidades diferentes de la mujer porque no forman parte de su propia experiencia personal.

Cuando un hombre se excita, le aflora inmediatamente la sexualidad. Esperar días requiere un temple enorme por su parte. Le resulta difícil comprender las necesidades de ella porque no forman parte de su experiencia personal.

Así pues, al volver a casa después de un largo viaje, el hombre podría querer tener un encuentro sexual inmediatamente; mientras que su esposa quiere tomarse algún tiempo para charlar y para que su esposo le cuente cómo le ha ido todo. Sin una clara comprensión de esta diferencia, sería muy fácil que él se sintiera innecesariamente rechazado o que ella se sintiera utilizada.

Al comienzo de una relación, el hombre es más comprensivo respecto de la necesidad de esperar que tiene una mujer antes de llegar al contacto sexual. Pero una vez que llegan a ese contacto, no suele darse cuenta de que ella aún requiere un cierto apoyo emocional antes de practicar el sexo. En un sentido real, el apoyo emocional es el precio de admisión. Él no comprende la importancia de satisfacer en primer lugar las necesidades emocionales de ella porque las suyas propias a ese respecto son bastante diferentes.

LOS HOMBRES SÓLO QUIEREN UNA COSA

Las mujeres por lo general piensan que los hombres sólo quieren una cosa: sexo. La verdad es, sin embargo, que los hombres lo que realmente quieren es amor. Un hombre desea tanto el amor como pueda quererlo una mujer, pero antes de que él pueda abrir su corazón y dejar entrar en él el amor de su pareja, la excitación sexual es un requisito previo. De igual modo que una mujer necesita el amor para abrirse al sexo, el hombre necesita el sexo para abrirse al amor.

De igual modo que una mujer necesita el amor para abrirse al sexo, el hombre necesita el sexo para abrirse al amor.

Como norma general, una mujer necesita estar emocionalmente satisfecha antes de que pueda desear el contacto sexual. Un hombre, sin embargo, consigue satisfacer sus necesidades emocionales durante el acto sexual.

Las mujeres no suelen comprender esto acerca de los hombres. La razón oculta de que un hombre tenga tanta prisa para realizar el acto sexual es que a través del sexo el hombre es capaz de sentir de nuevo. A lo largo del día, un hombre se centra tanto en su trabajo que pierde contacto con sus sentimientos amorosos. El sexo le ayuda a recuperarlos. A través del sexo, el corazón de un hombre comienza a abrirse. La sexualidad es la mejor manera que tiene un hombre de dar y recibir amor.

Cuando una mujer comienza a comprender esta diferencia, cambia por completo su perspectiva sobre el sexo. En vez de considerar el deseo sexual de un hombre como algo rudo y divorciado del amor, puede empezar a verlo como su manera particular de encontrar el amor. Los sentimientos de una mujer acerca de la preocupación sexual del hombre pueden cambiar radicalmente cuando comprende por qué un hombre necesita el sexo.

POR QUÉ LOS HOMBRES NECESITAN EL SEXO

Lo necesitan para sentir. Durante miles de años, los hombres se adaptaron a su papel primario de protectores y proveedores de alimentos, renunciando a su sensibilidad, sus emociones y sus sentimientos. Cumplir con su trabajo era más importante que dedicar su tiempo a explorar el mundo de los sentimientos. Más sentimientos o mayor sensibilidad les retendrían, les impedirían cumplir con su deber.

Los hombres necesitan el sexo para sentir.

Para adentrarse en lo desconocido o en la batalla, el hombre necesitaba marginar sus sentimientos. Para abastecer y proteger a su familia se requería del hombre que arriesgara su vida mientras soportaba las desventuras del sol abrasador y el frío glacial. Los hombres se adaptaron gradualmente a esas exigencias mediante un proceso de insensibilización. En efecto, esta diferencia se pone de manifiesto de forma clarísima en la sensibilidad de la piel. La piel de las mujeres es diez veces más sensitiva que la de los hombres.

Para hacer frente al miedo, al pánico, los hombres aprendieron a acallar sus sentimientos. Sin embargo, cuando dejaron de sentir miedo, también perdieron su capacidad de sentir placer y amor. Para muchos hombres, al margen de golpearse un dedo con el martillo o contemplar un partido de fútbol, el sexo es uno de los pocos caminos que se les ofrecen para poder sentir; es, sin duda, el modo como pueden llegar a sentir más intensamente. Cuando un hombre se excita, redescubre el amor que tiene escondido en su interior. A través del sexo, un hombre puede sentir, y a través del sentimiento puede congraciarse de nuevo con su alma.

Las mujeres no comprenden esta diferencia porque ellas tienen distintas exigencias para sentir de un modo total. Una mujer necesita, en primer lugar, una seguridad emocional antes de hablar acerca de sus sentimientos. Cuando ella se siente apoyada en una relación, puede redescubrir el amor que existe en su corazón. Cuando sus necesidades emocionales están adecuadamente satisfechas, sus necesidades sexuales devienen más importantes.

A una mujer le resulta confuso que el hombre quiera tener una relación sexual cuando casi ni se hablan o él la ha desdeñado durante días. Ella tiene la impresión de que a él no le preocupa ni poco ni mucho el que tengan una relación. La mujer ignora que cuando a él le acucia el impulso sexual, ello se debe a que quiere afirmar lo que les une y compartir su amor. De igual modo que la comunicación es tan importante para las mujeres, el sexo lo es para los hombres.

La capacidad de respuesta sexual de una mujer es el modo más convincente que conoce un hombre para saber que es amado. El sexo es el medio más poderoso para reavivar el sentimiento amoroso de un hombre.

Cuando mamá decía que a un hombre se le conquistaba por el estómago, erraba el tiro. El sexo sí que es la línea directa al corazón de un hombre.

> *Cuando mamá decía que a un hombre se le*
> *conquistaba por el estómago, erraba el tiro.*

LO QUE NECESITAN LOS HOMBRES

Un hombre tiene más fuerza y confianza en sí mismo cuando se siente apreciado, aceptado y querido. Cuando una mujer es excitada, ella está dando a su pareja una dosis gigantesca de lo que él más necesita.

Cuando una mujer está deseando tener relaciones sexuales

con un hombre, no sólo se vuelve más abierta, sino que se convierte en alguien en quien se puede confiar. Por decirlo en términos dramáticos: ella está deseando rendir sus defensas, no sólo exponiendo su desnudez, sino haciéndolo penetrar en su cuerpo y en su ser. Deseando a un hombre así, ella consigue que él se sienta absolutamente aceptado. Entonces, cuando cada una de sus caricias origina una respuesta placentera, él se siente inmensamente apreciado. Del modo más tangible y físico posible, él se percata de que está marcando la diferencia.

Incluso aunque esté cansado, tras una jornada agotadora, si su mujer se siente amada y comprendida, y disfruta del sexo con él, se siente de inmediato rejuvenecido. Aunque parezca que es el sexo lo que le hace sentirse bien, lo que le ocurre en realidad es que él está sintiendo de nuevo, y entonces es capaz de aceptar el amor de ella. Definitivamente ha dejado de estar separado de sus sentimientos más íntimos; ahora puede volver a ocupar de nuevo esa parte desértica y estéril de su ser. Puede sentirse completo otra vez. Como un sediento errante por el desierto, puede relajarse y beber unos sorbos del oasis de sus sentimientos.

Como un hombre sediento que vaga por el desierto, durante el encuentro sexual él puede finalmente relajarse y beber unos sorbos del oasis de sus sentimientos.

Acariciando su suavidad y entrando en la calidez de su cuerpo cariñoso, él es capaz de permanecer duro y masculino, pero también lo es de experimentar su propia suavidad y calidez. Refrenando hábilmente sus pasiones sexuales, él es capaz de abrirse gradualmente no sólo a las sensaciones placenteras, sino a la inmensa y profunda alegría de amar a su pareja y ser, a su vez, igualmente amado.

Fue aproximadamente hacia el quinto año de mi matrimonio con Bonnie cuando empecé a comprender de un modo consciente lo que convierte el sexo en algo fascinante.

Una vez, después de haber tenido un encuentro sexual gratificante, dije: «Cielos, ha sido algo increíble. Me ha encantado. Cada uno de los momentos. Ha sido como cuando nos conocimos...».

Miré a Bonnie, esperando que hiciera una señal de asentimiento o que dijese algo, al estilo de: «Sí, ha sido espectacular». Pero en vez de eso, ella parecía un poco confundida.

Pregunté: «¿Qué, no te ha parecido bien?».

Ella contestó, con aire sentencioso: «Creo que esta vez ha sido bastante mejor».

De repente tuve unos sentimientos ambivalentes. Pensé: «¿Qué quieres decir con que esta vez fue mejor? ¿Acaso fingías al principio? ¿Cómo puedes decir que esta vez ha estado mejor? ¿No era también fantástico entonces?».

Ella continuó: «Cuando nos acostamos por primera vez fue maravilloso, pero tú realmente no me conocías, y yo a ti tampoco. Lleva años conocer de verdad a alguien. Ahora, cuando hacemos el amor, tú sabes quién soy. Conoces lo peor y lo mejor de mí, y aun así me deseas y me amas. Eso es lo que ahora convierte la relación sexual en algo fascinante para mí».

Desde ese momento comencé a darme cuenta de la verdad que encerraban sus palabras. Lo que convierte al sexo en algo increíble es el amor. Cuanto mejor conozcas a alguien y mayor sea vuestra intimidad y amor, mayores son las posibilidades de que vuestra experiencia sexual florezca.

Con el paso del tiempo, mi experiencia sexual también ha cambiado. Ha ocurrido tan gradualmente que ni siquiera lo he notado hasta que Bonnie me lo hizo ver. Este conocimiento me permite centrar mi atención en cómo conseguir una sexualidad más gratificante. En el próximo capítulo exploraremos cómo se pueden mejorar las relaciones sexuales progresivamente.

2
Sexo y pasión

Sin pasión, el sexo acaba convirtiéndose en algo rutinario y aburrido. Con la ayuda de nuevas y meritorias habilidades de alcoba, así como del amor, una pareja puede continuar experimentando una inmensa pasión y una absoluta satisfacción. En lugar de volverse menos apasionados con el paso de los años, un hombre que ve y acaricia el cuerpo desnudo de su esposa puede excitarse más que nunca. No sólo le excitará el placer de la estimulación y el incremento de la intensidad sexual, sino que también comprobará de cuantísimo amor, ternura, pasión y afecto sensual será capaz tanto de experimentar cuanto de ofrecerle a ella. Esa convicción lleva el sexo a un nivel más alto de pasión y de excitación.

Cuando la mujer nota la pasión que él siente, puede regocijarse con su continuo deseo de conectar con su pareja y darle el máximo placer. Ella también ve el sexo como una oportunidad de compartir el amor del modo que más le aprovecha. El sexo se convierte en una bella manifestación de su amor por él y en una oportunidad de recibir en las más profundas fibras de su femineidad el amor que le profesa.

Después de practicar las más meritorias habilidades de alcoba, él percibirá con mayor fundamento no sólo que la ama, sino también que está recibiendo el amor que él necesita. A él le excita su pareja no sólo porque sea un calentón, sino porque la ama y quiere estar lo más cerca posible de ella. Sin depender de ninguna fantasía femenina para excitarse, él sabrá verdaderamente a quién está amando. El sexo es fantástico cuando se comparte estando enamorado y el amor sigue aumentando. Para que una mujer se sienta más satisfecha sexualmente, necesita en primer lugar sentirse apoyada emocionalmente en su relación; pero también es importante que el hombre tenga suficiente habilidad para comprender las diferentes necesidades sexuales de ella.

Para que un hombre se sienta sexualmente más satisfecho, necesita, en primer lugar, saber que tiene éxito a la hora de satisfacer sexualmente a su pareja. Esto requiere que practique nuevas habilidades, no sólo en el seno de la relación, sino también en la cama.

> *Para que una mujer se sienta satisfecha sexualmente, necesita, en primer lugar, sentirse apoyada emocionalmente en su relación; pero es importante que el hombre tenga suficiente habilidad para comprender las diferentes necesidades sexuales de ella.*

CÓMO PUEDE MEJORARSE EL SEXO

El sexo siempre puede mejorarse, pero, como para cualquier otra cosa, se requiere nueva información y la oportunidad de ponerla en práctica. A la mayoría de los hombres nunca se les ha enseñado cómo practicar el sexo. Una vez que pueden excitarse o masturbarse se supone que ya son unos expertos sexuales. A buen seguro que saben perfectamente dónde han de meterla y cómo tener un orgasmo en dos minutos; pero el arte de conseguir que una mujer llegue al orgasmo es otra historia. ¿Cómo se supone que los hombres deben saber lo que hace felices a las mujeres si ellos no son mujeres? Para vivir un sexo fascinante, el hombre necesita comprender el cuerpo de una mujer y saber qué le excita.

> *¿Cómo se supone que los hombres han de saber lo que hace felices a las mujeres si ellos no son mujeres?*

A los hombres les cuesta trabajo averiguar qué es lo que hace realmente felices a las mujeres en la cama, porque se da por sentado que hemos de saberlo. En la mayoría de los casos, el hombre cree que lo sabe. Supone, de forma errónea, que lo que a él le place también le agradará a ella. Cuando una mujer se queda insatisfecha, él cree que es ella quien falla, en vez de considerar que pueda deberse a sus técnicas impropias. El hombre no comprende que las necesidades de una mujer en la cama son radicalmente distintas de las suyas.

Un hombre no comprende instintivamente que las necesidades sexuales de una mujer en la cama sean radicalmente diferentes de las suyas. Supone, de forma errónea, que lo que a él le place, también le place a ella.

La primera experiencia sexual

Recuerdo muy bien mi primera experiencia sexual. Mi pareja y yo habíamos hablado acerca de ello y estábamos dispuestos a llegar hasta el final. Yo estaba excitadísimo. De forma inmediata e instintiva traté de llegar cuanto antes a la meta, como si fuera una carrera de velocidad: primeros veinticinco metros, la besé; segundos veinticinco, la enardecí; terceros veinticinco, la penetré; y acabé los cien metros con un orgasmo victorioso.

Antes de que yo hubiera alcanzado mi meta, me di cuenta de que ella estaba siguiendo otra táctica. No fue directamente a mi zona erógena. Era como si deliberadamente la pasara por alto. Movía su mano, lentamente, por mi cuerpo: de arriba abajo y viceversa. Bajaba hasta mis muslos y luego subía hasta el pecho. Lo mismo hacía por mis brazos y luego por el pecho y la espalda. Ella me tocaba por todos los sitios donde yo no quería que me tocase. Como habíamos planeado llegar hasta el final, le cogí la mano, la puse entre mis piernas y le dije: «¡Ahí!».

En aquel momento no comprendí qué estaba haciendo ella. Creí que intentaba torturarme. A mí no me importaba lo más mínimo que me acariciara todo el cuerpo; sólo quería que me tocara en un sitio determinado. Bastante más tarde, cuando descubrí el cuerpo femenino, comprendí que me estaba haciendo lo que le hubiera gustado que yo le hiciera a ella.

Los hombres no saben, instintivamente, qué les gusta a las mujeres, e incluso cuando oyen algo acerca de ello tienden a olvidarlo. Todos los libros o canciones acerca del sexo dicen lo mismo. A una mujer le gusta un hombre de mano lenta. Sin embargo, en cuanto se excita, se apresura. Él supone que ella quiere ese apresuramiento, porque él sí que lo necesita, e ignora lo enormemente excitante que podría ser para ella el que él se refrenase una y otra vez.

A la mujer le gusta el hombre de mano lenta.

Cuando él se excita, ofrece la clase de estimulación que a él le gusta, pero no la que ella necesita. Para convertir el sexo en algo grande, un hombre tiene que abrirse a las diferentes necesidades que tiene una mujer, mientras que una mujer ha de ayudar a su hombre a tener éxito en satisfacerla sexualmente.

POR QUÉ EL SEXO ES DIFERENTE PARA HOMBRES Y MUJERES

El sexo es una experiencia muy diferente para hombres y mujeres. El hombre vive el placer básicamente como una descarga de la tensión sexual. La mujer lo vive de un modo distinto. Para ella, las grandes alegrías del sexo corresponden a una concentración de la tensión. Cuanto más puede sentir su deseo sexual, más satisfecha se siente.

*El hombre vive el placer básicamente como una
descarga de la tensión sexual. El placer de una mujer
está en función de una concentración progresiva
de la tensión sexual.*

Para un hombre, el sexo es, instintivamente, un impulso de la testosterona que le lleva hacia la liberación última del clímax. Cuando se excita, busca automáticamente la satisfacción. Su satisfacción sexual está principalmente asociada con la liberación de la tensión que supone la consecución del orgasmo.

Biológicamente, en el cuerpo de un hombre hay, de hecho, un saco interior de semen aguardando a ser liberado. A diferencia de la mujer, cuyos fluidos son generados a través de la excitación, cuando un hombre se excita enseguida busca cómo satisfacerse. En cierto sentido, él está intentando vaciarse, y ella llenarse.

El deseo inmediato que tiene un hombre de acariciar y de ser acariciado en su zona más sensitiva es algo obvio. No necesita mucha ayuda para ser excitado. La necesita, por el contrario, para salir de la excitación. Podríamos decir que busca poner fin a su excitación, mientras que la mujer tiende a mantener su excitación para sentir más intensamente su deseo más profundo.

Ella paladea la habilidad que él tiene de ir satisfaciendo lentamente el deseo que ella manifiesta de ser tocada en sus zonas más sensitivas. Así que una primera capa se levanta, ella desea que le vayan retirando el resto de las capas de su alma sensual para mostrarse totalmente. Al igual que él quiere satisfacer inmediatamente su deseo de estimulación sexual, ella ansía sentir que su deseo aumenta.

POR QUÉ LOS HOMBRES ANSÍAN SATISFACERSE

Cuando un hombre acaricia la suavidad del pecho desnudo de una mujer, la tersura de la cara interior de sus muslos o la calidez de su vagina húmeda, comienza a sentir su más profunda unión con la experiencia del placer y el amor. Mediante la caricia de su suave femineidad, él puede expresar su propia suavidad y, sin embargo, permanecer duro, centrado y masculino.

La sensualidad es parte de su ser, pero él la experimenta, básicamente, acariciando el cuerpo femenino y sintiendo su respuesta placentera. Muchas veces, después de haber tenido fantásticos encuentros sexuales con mi mujer, me he dado cuenta de que había olvidado lo bellos que son los árboles de nuestro barrio. Entonces salgo a la calle, respiro aire fresco y vuelvo a sentirme vivo.

No se trata de que no me sienta vivo con mi trabajo, sino de que estrechando la relación con mi esposa a través de una magnífica relación sexual puedo sentirme más despierto y llenar mi vida con sentimientos sensuales que suelen ser marginados en aras de los objetivos laborales. En cierto sentido, el sexo fascinante me ayuda a detenerme y poder oler las flores...

Cuanto más lejos, en su vida diaria, se halle un hombre de sus sentimientos, más ansiará la estimulación sexual y su satisfacción. El intenso placer de la satisfacción en cualquier momento del proceso sexual le permite conectar con sus propios sentimientos y abrir su corazón. Para él, el ansia sexual no es sólo una experiencia del placer, sino también del amor.

Aunque él pueda ignorarlo, un persistente deseo sexual es realmente su alma, el absoluto. El árido panorama de vivir sólo mentalmente le obliga a buscar la unión con el rico, sensual, colorista y fragante territorio de su corazón.

El persistente deseo sexual de un hombre es realmente su alma buscando el absoluto. El árido panorama de vivir sólo mentalmente le obliga a buscar la unión con el rico, sensual, colorista y fragante territorio de su corazón.

En la medida en que su necesidad de tocar y de ser tocado sexualmente se satisface, su capacidad de sentir se incrementa automáticamente. Así que su yo sensitivo se despierta, libera una tremenda energía: experimenta de nuevo sus sentimientos de alegría, paz y amor.

EL PLACER DEL COITO

Antes del coito, el hombre desea entrar en el cuerpo de la mujer. Su pene, duro y erecto, está plenamente centrado en entrar en contacto con la más sagrada cámara femenina. Cuando se acerca y penetra en su vagina, su placer se intensifica enormemente. Este placer se deriva de la liberación de su tensión sexual.

Mientras su pene es sostenido y acariciado totalmente por la vagina cálida y húmeda, su entera persona se siente alimentada. Repentinamente, es transportado desde el seco dominio de sus ataduras intelectuales hasta el interior de las húmedas cavernas del sentimiento sensual, sensitivo.

Durante el coito, un hombre es transportado desde el seco dominio de sus ataduras intelectuales hasta el interior de las húmedas cavernas del sentimiento sensual, sensitivo.

El pene de un hombre es su órgano más sensitivo; cuando se le toca es como si le tocase todo el cuerpo, le excitase y el placer le provocase una descarga eléctrica. Los sentimientos de amor y de unión, que tan fácilmente desprecia su mente racional, son repentinamente despertados por la intensidad de la satisfacción sexual.

Tras esta momentánea liberación de la tensión, él vuelve a experimentar la misma tensión, y entonces se afana otra vez en liberarse de ella. Este continuo acabar y volver a empezar incrementa la tensión y, por ende, también el sentimiento que se deriva de la liberación de esa tensión. De este modo, la tensión va en aumento hasta que se experimenta la liberación final.

Un hombre está en condiciones de sentir cuándo ha alcanzado su objetivo. Cuando su lado masculino ha hecho su trabajo satisfactoriamente, se inclina hacia su lado femenino y siente con toda intensidad. Cuando puede satisfacer sus propios deseos y satisfacer también a su pareja, puede relajarse y experimentar un poderoso sentimiento de paz, amor y alegría.

En cierto sentido, cuando él y su pareja experimentan un orgasmo, él tiene la convicción de que ha hecho su trabajo completamente y de que ha sido cumplidamente recompensado con el reconocimiento de su pareja y el amor que siente por él.

Facilitando primero el orgasmo de la mujer, el hombre consigue que ella responda plenamente al suyo propio. Después de que la mujer haya tenido su orgasmo, ella se halla en las mejores condiciones para compartir la totalidad de su amor y de su receptividad. En el momento del clímax del hombre, él es capaz de unirse completamente a la mujer y recibir el amor que ella le ofrece. Hasta donde sea que su pareja lo ame, en ese preciso instante es cuando él es más capaz de aceptarlo.

Hasta donde sea que su pareja lo ame, en el preciso instante del orgasmo es cuando un hombre es más capaz de recibir el amor de una mujer.

Particularmente cuando él sabe que ella está satisfecha y abierta a apreciarlo, él puede florecer en ese momento. Más que en cualquier otra ocasión, él puede aceptar su amor, sentirlo en lo más profundo de su corazón y reafirmar su compromiso con ella.

Cuando el corazón de un hombre se abre durante el orgasmo, él es capaz de sentir la profundidad de su amor y de reafirmar su compromiso con ella.

La terapia del sexo gratificante

Cualquier resentimiento que albergue un hombre se desvanece fácilmente cuando tiene una experiencia sexual gratificante. No hay mejor terapia para un hombre que un sexo gratificante. A veces se necesita la terapia o el consejo para conseguir ese lugar en que el hombre y la mujer puedan experimentar el sexo gratificante; pero una vez que la pareja recala allí y aprende la manera de llegar a ese punto, al hombre el sexo gratificante le incita a seguir acudiendo, y mantiene viva la magia apasionada del amor.

Sin una experiencia frecuente del sexo gratificante, le es bastante fácil a un hombre olvidar lo mucho que ama a su pareja. Puede quererla bien y tener una relación educada y comprensiva, pero no sentirá la profunda unión que hubo entre ellos al principio de su relación.

Sin el sexo gratificante, las pequeñas imperfecciones de la mujer se harán más y más grandes a sus ojos. A diferencia de la mujer, que necesita hablar de sus sentimientos para sentirse más amante, un hombre puede sentir más el amor a través del sexo gratificante.

Aunque la buena comunicación es esencial en una relación y conducirá, sin duda, al sexo gratificante, cuando una mujer no experimenta esa clase de sexo en una relación puede fácilmente endurecerse bajo el peso de todas sus responsabilidades. Se siente responsable no sólo de sí misma, sino también de su pareja. Olvida sus propios deseos sensuales y sexuales. Sin el apoyo enamorado de su amante, ella es consciente de que no dispone de tiempo para sí misma.

Por qué a las mujeres les gusta el deseo

Cuanto más ocupada está una mujer a lo largo del día en preocuparse por los demás y ofrecerse a ellos, menos sabe de sí misma y de sus propios deseos sensuales. Puede que tenga contacto con los sentimientos de otras personas, pero de ningún modo con los suyos propios.

Igual que el hombre olvida los sentimientos, una mujer olvida sus propios deseos sensuales. Los aspectos prácticos del día a día para ir viviendo se anteponen a sus más profundos y sensuales deseos. Cuanto más presionada o vencida se halle, más le costará relajarse y disfrutar de los simples placeres de la vida.

Igual que el hombre olvida los sentimientos, una mujer puede olvidar sus propios deseos sensuales. Los aspectos prácticos del día a día para ir viviendo se anteponen a sus más profundos y sensuales deseos.

Cuando un hombre se preocupa de cuidar a una mujer de un modo atento, él la libera para que se sienta a sí misma de nuevo. Cuando una mujer se siente aliviada de la presión de preocuparse de otros, puede comenzar a sentir deseos sexuales. Una atención más romántica del hombre hacia los detalles escogidos para complacerla automáticamente comienza a hacerla más receptiva.

Recibiendo el cuidado y el apoyo sensual que su lado femenino anhela, ella comienza a sentir conscientemente sus deseos sexuales. Es como si no supiese que quiere esa estimulación hasta que la consigue. El acto de dar con habilidad a una mujer lo que ella necesita la ayuda a descubrir sus necesidades, y desde ese momento comienza a desear más.

Por ejemplo, cuando un hombre acaricia a una mujer cerca de sus zonas erógenas y después se retira, y vuelve a repetirlo de un modo rítmico, ésta puede comenzar a sentir el deseo de ser acariciada más intensamente. Un hombre habilidoso suele dirigir su caricia hacia donde ella quiere ser acariciada y, entonces, una vez que se ha acercado, se aleja. Esto tiene el efecto de incrementar su deseo de que él la acaricie precisamente allí. Él la engaña, y deja que se le haga la boca agua.

Si un hombre acaricia el cuerpo de la mujer por las zonas no erógenas, bordeando los sitios donde ella no suele ser acariciada, ella automáticamente comienza a sentir que necesita ser acariciada en las zonas erógenas.

44

Durante el sexo gratificante, el deseo de una mujer se incrementa gradualmente. Al principio ella puede sentir sólo un deseo tenue, pero a medida que el deseo es satisfecho y la tensión liberada, se sucede un deseo más intenso. A medida que se sigue satisfaciendo el deseo, un nuevo y más intenso deseo se genera. Por este camino, a través de la creación y la relajación de la tensión, ella puede sentir el deseo superior de unirse y satisfacerse a través del orgasmo.

Un secreto del sexo gratificante consiste en que el hombre ha de «burlar» lentamente a una mujer para incrementar su deseo sexual. En el próximo capítulo exploraremos el arte de «burlar».

3

Cómo volver loca de placer
a una mujer

El momento en que más disfrutan las mujeres de una conversación es cuando no se va directamente al grano. Muy a menudo, para relajarse o sentirse más cerca de alguien, les gusta dar un rodeo durante un rato para ir descubriendo, gradualmente, lo que quieren decir. Esta es una metáfora adecuada de cómo una mujer disfruta del sexo. A ella le gusta que el hombre se tome su tiempo y ande con rodeos durante un buen rato.

Hasta que su deseo y su excitación se intensifican, una mujer disfruta con que la acaricien de una forma sutil, no franca. Por ejemplo, antes de mover los dedos o la palma de la mano para acariciar sus pechos, un hombre debe rodearlos un rato e ir acercándose poco a poco. Entonces, cuando esté a punto de acariciarlos, debe desviarse a cualquier otro sitio, y comenzar de nuevo el asedio.

En vez de ser estimulada directamente en sus zonas erógenas más sensitivas, como le gusta a un hombre, una mujer prefiere que se le amaguen las caricias o que se dirijan gradualmente al lugar donde ella está deseando que se le acaricie. Por ejemplo, cuando llegue al sujetador, en vez de simplemente quitárselo, a veces el hombre debería recorrer con su dedo, por dentro, el borde de la copa, desabrocharlo después lentamente, dejar que el pecho quede expuesto y entonces, estratégicamente, volverlo a cubrir de nuevo.

Una mujer quiere que se le amaguen las caricias o que éstas se dirijan gradualmente al lugar donde ella está deseando que se le acaricie.

Amagar una caricia significa iniciarla, suspenderla y volver a iniciarla. La repetición de este proceso tan simple genera más deseo en ella. Y ese deseo potenciado provoca un mayor placer en ambos. Una vez que él se da cuenta de lo que realmente la excita, comienza a sentir el poder de refrenar su propia pasión para volverla loca de placer.

LA NECESIDAD DE RELAJACIÓN DE UNA MUJER

Por lo general, un hombre no suele comprender la necesidad que tiene una mujer de relajarse y de abordar la relación sexual lentamente. Él comienza ya preparado para la marcha; y no comprende de buena gana la necesidad que tiene una mujer de relajarse, porque a veces él puede querer tener un orgasmo para relajarse. A diferencia de los hombres, la mayoría de las mujeres necesitan relajarse antes de poder disfrutar del sexo gratificante.

Los amagos y los preliminares le dan tiempo a ella de hacerlo así y de perder poco a poco sus inhibiciones. Las caricias lentas, rítmicas e impredecibles en las zonas no erógenas irán despertando gradualmente en ella el intenso deseo de ser acariciada en sus zonas erógenas. Antes de que un hombre pueda satisfacer a una mujer, ella necesita tiempo para relajarse y sentir la parte de sí misma que necesita ser colmada.

Un buen consejo que suele encontrarse en casi todos los libros acerca de las relaciones sexuales es, para las mujeres, que se preparen para la relación sexual dándose un largo baño de burbujas en penumbra. Antes de comprender las diferencias entre hombres y mujeres, nunca pude entender cabalmente este consejo. Si yo me diera un baño así, seguro que me quedaba dormido. Ahora, sin embargo, me parece muy sensato que una mujer pueda beneficiarse de un largo baño de este tipo.

La relajación y la estimulación cariñosa son las bases para la excitación de una mujer. Mediante el lento recorrido de su cuerpo con los dedos y con los tiernos besos, un hombre despertará sus zonas más erógenas, las que estará deseando que le acaricien.

48

Cuando les pregunto a las mujeres qué es lo que más desean de un hombre, me dicen una y otra vez que lo que quieren es un amante de mano lenta. Este lento proceso intensifica tanto su placer que cuando los dedos y la lengua de él se desplazan para acariciar sus pechos, sus pezones se hallan erectos y anhelando que los acaricien. Cuando él se desplaza a la cara interior de sus muslos, a la vulva, los labios vaginales y el clítoris, ella ya está húmeda, caliente y dispuesta a ser acariciada. Si se la estimula de ese modo, su placer emerge de lo más profundo de su ser.

Un hombre es diferente. Si se le toca directamente el pene se incrementa radicalmente su placer. Muchas mujeres no se percatan de esto y frustran a un hombre esperando demasiado para acariciar sus genitales. Si una caricia así le parece a la mujer demasiado directa, puede aliviar buena parte de la frustración de él si con el peso de su cuerpo hace presión contra la pelvis de él.

La mujer no debe olvidar que la estimulación directa
provoca el máximo placer en un hombre.

Pero los hombres son en este aspecto diferentes y necesitan practicar la lentitud. Ahora bien, cuando empiezan a experimentar conscientemente lo maravilloso que les resulta a las mujeres esa calma, poco a poco se convierten para ellas en algo más instintivo. Un hombre necesita recordar que para incrementar el placer de una mujer necesita evitar la estimulación directa. Puede que lleve tiempo, y a veces se tendrá la impresión de que no ocurre nada, de que no se progresa; pero, de hecho, el placer de ella será mucho más intenso. Si el hombre se toma ese tiempo, no sólo ella se sentirá más feliz, sino que él mismo experimentará un mayor placer.

Un hombre no debe olvidar que para aumentar
el placer de una mujer debe evitar la
estimulación directa.

Ciertos templos antiguos están consagrados a la adoración de los aspectos femeninos de Dios. De acuerdo con un ritual relacionado con esos templos, has de dar tres vueltas a su alrededor antes de entrar en él. Este mismo principio es aplicable para amar y adorar a una mujer durante la relación sexual.

Antes de acariciar directamente o de entrar en un lugar delicado, un hombre ha de preparar primero a la mujer. Por ejemplo, cuando un hombre desea a una mujer, el hecho de introducir la lengua en su boca de repente puede ser algo demasiado abrupto. Lo que debe hacer es besarla levemente varias veces, y, entonces, una vez que ella comienza a abrirse, él podrá introducir la lengua en su boca. Una sensación maravillosa la depara el hecho de trazar algunos círculos, ya dentro de su boca, antes de penetrar en ella más profundamente.

Cuando se le acaricien los pechos y, finalmente, los pezones, también habrá de trazar, previamente, algunos círculos. Por ejemplo, en vez de acariciar directamente sus pechos y luego sus pezones, él debería llevar la mano lentamente hacia el pecho y después retirarla. A partir de entonces, con un movimiento rítmico deberá avanzar y retroceder hasta irse acercando cada vez más.

Una vez que haya empezado a acariciar su pecho, él puede, con elegancia, mover su mano hacia adelante y hacia atrás, cubriendo su pecho del modo que lo hace la copa del sujetador. Él podría mover su mano como si le meciera el pecho. Finalmente, puede trazar la caricia rodeando el pecho. Entonces puede apretárselo y liberarlo una y otra vez. Todos estos movimientos tienen la finalidad de, lenta y repetitivamente, aumentar y menguar la estimulación.

Un consejo extra que cualquier hombre puede aprender fácilmente tiene que ver con el arte de quitarle el sujetador. Hace tiempo, cuando yo tenía que quitarle el sujetador a mi pareja, me armaba un lío con el cierre. El sexo, de repente, se convertía en algo torpe y desmañado. ¿Cómo diablos va a saber un chico cómo desabrochar un sujetador, si él no los usa?

Este problema puede resolverse fácilmente. Un día en que tu mujer no ande rondando por la casa, vete al cajón de la cómoda donde guarda sus sujetadores y examina los diferentes modelos el tiempo que te haga falta. En pocos minutos te convertirás en un experto. Hay, básicamente, tres clases de cierres: aquéllos en los que una pieza encaja en otra verticalmente; los que se desabrochan horizontalmente; y los que se abrochan por delante. Se trata de practicar con ellos hasta poderlo hacer, sin esfuerzo, con una sola mano, primero, y, después, con una sola mano, pero a ojos cerrados.

En el próximo encuentro sexual, a ella le impresionará el modo seguro y confiado en que eres capaz de quitarle el sujetador. A las mujeres les gustan los hombres seguros. Y esta es un área en la que un hombre ha de saber cómo comportarse. Así que se vea liberada del sujetador con una mano, ella comenzará a fundirse y rendirse a su caricia experimentada y maestra.

Cómo potenciar el deseo

Para potenciar el deseo de una mujer, un hombre puede optar por acariciarla en cualquier parte, después regresar a su pecho y luego volver a repetir el mismo proceso una y otra vez. Cuando regrese, en una de las ocasiones, puede acercarse más a su pezón. En lugar de ir directamente, debería rozarla levemente, como si fuese una caricia no intencionada. Eso le da la oportunidad de sentir la sensitividad de su pezón y desear más.

Si se regresa otra vez, habrá que circunvalar el pecho durante un rato. En este caso, tres vueltas son ciertamente pocas. Diez veces más de lo que él normalmente estaría dispuesto a esperar sería lo oportuno.

Una vez que está acariciando el pezón, puede apretarlo dulcemente y moverlo hacia atrás y hacia adelante, una y otra vez. La aproximación ha de hacerse como si él tuviera todo el tiempo del mundo. En cuanto el pezón se ponga erecto, él puede comenzar a lamerlo o succionarlo. La excitación de una mujer es particularmente intensa si el hombre succiona su pezón mientras le acaricia el clítoris.

QUITÁNDOLE LAS BRAGAS

Un hombre sólo debería acariciar la entrepierna de una mujer cuando ella ya está húmeda. A veces conviene acariciar los bordes de las bragas y explorar gradualmente la vulva.

Para ella es muy excitante que él no le baje de repente las bragas. Por eso, él debería jugar a bajárselas y luego subírselas un poco más arriba.

En vez de quitárselas, debería acariciarla por el interior del borde de las bragas, por detrás y luego por delante. Después puede colocar los dedos entre sus piernas y sentir la piel y el vello humedecido alrededor de su vagina.

En cuanto haya comprobado con sus dedos, dulcemente, que está húmeda, podrá quitárselas. Aunque en lugar de hacerlo en ese momento, puede demorar la acción para dejarle claro a ella que controla perfectamente sus impulsos.

Incluso si le enardece la pasión, ha de tomarse su tiempo. Este control le permite a ella sentirse más segura para liberarse de sus inhibiciones y perder el control. En lugar de quitarle las bragas, lo que puede hacer es tirar de ellas para que se escondan entre sus nalgas y que aparezcan éstas en su rotunda desnudez. Después de convertir sus bragas en una cuerda G, ya puede comenzar a acariciar y a apretar sus nalgas y la cara interior de sus muslos desde atrás.

Finalmente, puede quitarle las bragas y comenzar a acariciar la cara interior de sus muslos y rodear toda su vulva para acariciarle el clítoris.

ACARICIÁNDOLE EL CLÍTORIS

Muchas veces los hombres olvidan acariciar el clítoris. En mi profesión de consejero, he tenido que oír muy a menudo a las mujeres quejarse de que sus parejas no les tocan ahí, o que, cuando él lo intenta, la mayoría de las veces no acierta con el lugar, o que, cuando acierta, no se demora lo suficiente. Muchas mujeres ven esto como una señal inequívoca de que el hombre realmente no se preocupa por ellas.

Esa apreciación no es, por lo general, cierta. El hombre se olvida de acariciar el clítoris porque desconoce, instintivamente, lo importante que es. Aquí brindamos algunos hallazgos que ayudan al hombre a recordarlo. En mis propias entrevistas y en la mayoría de los estudios sexuales, las mujeres señalan que el noventa y ocho por ciento de los orgasmos que experimentan se deben directamente a la estimulación del clítoris.

El hombre olvida acariciar el clítoris no porque no se preocupe por la satisfacción de su pareja, sino porque desconoce, instintivamente, que casi todos los orgasmos femeninos se deben a la estimulación del clítoris.

Los hombres deberían imaginar una relación sexual sin que hubiera estimulación del pene. No sería divertido, ciertamente. De modo similar, para que una mujer disfrute del sexo gratificante, la estimulación del clítoris entre cinco y quince minutos es necesaria si él quiere que ella alcance el orgasmo.

Es común, en mi práctica de consejero, que el hombre me diga que acaricia el clítoris de su esposa durante cinco o diez minutos. Su esposa, sin embargo, me dice en privado que él raramente la acaricia ahí, y que cuando lo hace no pasa del minuto o dos.

Yo le aseguro a ella que él cree que está más tiempo, y después le enseño algunas estrategias para conseguir lo que ella quiere. Empezando por aceptar la tendencia de un hombre a olvidar lo que ella necesita realmente, una mujer puede comenzar a conseguir lo que desea. Si se enfada con él, al hombre se le hace difícil oír sus legítimas peticiones.

Si un hombre no acaricia el clítoris de la mujer durante un tiempo suficiente, yo sugiero que ella siga tocándose a sí misma. De ese modo, a él le llega el mensaje alto y claro, sin que se sienta criticado, enmendado o controlado. Cuando se percate de lo mucho que ella disfruta de ello, entonces, automáticamente, comenzará a dedicarle más tiempo.

Cuando existe otro modo en que la mujer le gustaría que él la acariciase, en vez de soportar silenciosa y pacientemente lo que su pareja le hace, la mujer puede tocarse y hacer sobre sí misma los movimientos que a ella le gustaría que él hiciese. En esos casos, el hombre debería acercarse para mirar atentamente y aprender.

Un modo muy efectivo gracias al cual el hombre puede aprender a regalar a la mujer un interludio más duradero en el sexo, consiste en cronometrarlo. No suena muy romántico, pero da resultado. Yo recomiendo que el hombre deje, discretamente, un reloj cerca de la cama. Así, mientras está tocando la vulva y el clítoris a su pareja, podrá echar algunas miradas furtivas al reloj y controlar el tiempo.

A menudo los hombres se sorprenden al descubrir que cuando ellos están excitados están viviendo, realmente, en una zona diferente del tiempo. Lo que se vive como diez o quince minutos de estimulación es en realidad apenas uno o dos minutos de reloj.

Comprometiéndose a estar esos diez o quince minutos, él puede ofrecer la estimulación que ella necesita. Cuando la mujer está preparada en ese sentido, puede recibirlo con mayor entrega cuando comienza el coito.

LA ESTIMULACIÓN HABILIDOSA

Una hábil amante femenina estimula directamente las áreas más erógenas y sensitivas del hombre: su pene y sus testículos. Una vez que esas áreas son estimuladas, el resto de su cuerpo se despierta gradualmente y quiere ser acariciado, lamido y estimulado también. Ella puede empezar a usar entonces, con éxito, las mismas técnicas que la excitarían a ella. Con un hombre, el truco consiste en estimular, en primer lugar, su órgano más pujante y sensitivo.

Un hábil amante masculino estimula en primer lugar las áreas menos erógenas y sensitivas. Puede comenzar por acariciar su cabello; besar sus labios sin introducir, no obstante, la lengua; rodearla con los brazos; acariciar sus piernas, pero no la cara interior de sus muslos; acariciar su espalda o sus nalgas. Después podría restregar su cuerpo contra ella, arriba y abajo, y presionarle con su pelvis con un movimiento circular.

Moviéndose gradualmente alrededor de su cuerpo o manteniendo una presión rítmica sobre cierta área próxima a una zona erógena, él despierta sus áreas más sensitivas y las hace desear ser acariciadas. Entonces, de un modo de nuevo indirecto, él puede aproximarse a sus áreas más sensitivas para proceder a una estimulación repetitiva.

Un hábil amante masculino estimula en primer lugar
las áreas menos erógenas y sensitivas de una mujer.
Una hábil amante femenina estimula primero el
órgano más pujante y sensitivo de un hombre.

Dominado el arte de intensificar lentamente el deseo de una mujer, un hombre puede estar seguro de que sabe cómo volver loca de placer a su pareja. Esa sola seguridad es, de por sí, muy excitante para una mujer. En el próximo capítulo exploraremos cómo incrementar la confianza sexual.

4
Confianza sexual

La confianza sexual es la excitación definitiva tanto para los hombres como para las mujeres. Una mujer se excita cuando siente que su pareja está convencida de que sabe cómo satisfacerla. Esa confianza le asegura que él sabe qué ha de hacer, que puede ser flexible si algo no funciona y que tiene un poder permanente. Un hombre se excita cuando una mujer tiene idéntica confianza, pero de diferente modo.

La confianza sexual es la excitación definitiva.

Cuando él siente la confianza de ella, incluso se excita más. Cuando la mirada de ella expresa que se siente segura de que se lo va a pasar bien, que él no puede hacer nada equivocado, y que ella quiere que la posea, él se excita enormemente.

Si una mujer parece demasiado segura de sus habilidades para volver loco a un hombre, posiblemente pueda intimidarlo. El hombre empieza a preguntarse si él puede hacer lo mismo por ella; puede empezar a dudar de que pueda aguantar lo suficiente para satisfacerla. Ciertamente, es bueno para ella tener confianza en sus dotes para satisfacerle, pero, como con todas las habilidades que se precisan para mantener viva una relación, la más importante para satisfacerle es ayudarlo a tener éxito a la hora de satisfacerla a ella.

La mejor habilidad de una mujer para satisfacer
sexualmente a un hombre consiste en ayudarlo a tener
éxito en satisfacerla a ella.

Antes de que comenzase a impartir seminarios sobre sexualidad, yo había sido un monje célibe durante nueve años. Como monje había sido profesor de filosofía espiritual y meditación. Cuando cumplí los veintisiete mi vida cambió radicalmente. Colgué los hábitos, regresé al mundo y comencé a tener relaciones sexuales.

El primer año, después de nueve de abstinencia, me sentía como un hambriento tras un largo ayuno. Sentía una gran necesidad de imaginar lo que había echado de menos. Sólo podía pensar en las mujeres, el amor y el sexo. Tenía relaciones sexuales a la hora del desayuno, a la de la comida y a la de la cena. A veces, después de unas horas de actividad sexual, me sentía tan inflamado que había de caminar como si tuviera bolos entre mis piernas.

Leí cuanto pude acerca del sexo y practiqué cuanto me fue posible. Quería aprender todo lo que pudiera. Finalmente, inicié un programa de doctorado en sexualidad y psicología.

Cuando estaba con una mujer, le explicaba que había sido monje durante nueve años y que acababa de iniciar mi aprendizaje sexual; también les pedía que me enseñaran cosas acerca de su cuerpo y que me dijeran de qué modo se sentían sexualmente más satisfechas.

Ese modo de abordarlas causaba un efecto tremendo. En cierta forma, a las mujeres no les importaba mi ignorancia acerca del sexo por haber sido un monje. No sólo se excitaban diciéndome qué era lo que más les gustaba en la práctica del sexo, sino que yo, por mi parte, aprendía una barbaridad.

Después de dos años de intensa experimentación sexual según las pautas de varias tradiciones ancestrales universales, mi pareja sexual de aquella época y yo comenzamos a impartir seminarios sobre sexualidad y espiritualidad. Juntos facilitábamos discusiones sobre lo que convertía el sexo en algo excepcional para hombres y mujeres. A lo largo de los seminarios, muchos participantes hablaban abiertamente acerca de lo que convertía el sexo, para ellos, en algo memorable.

La mayoría de los hombres no ha sido monje y, por lo tanto, se sienten incómodos preguntándole a una mujer los detalles de lo que sexualmente le gusta más. No sólo piensa el hombre que debería ser un experto sexual, sino que la mujer también quiere que su hombre sepa lo que debe hacer; espera que sepa, instintivamente, lo que ha de hacer. Y puede resistirse a decirle a él lo que a ella le gusta porque de ningún modo quiere que el sexo se ajuste a un formulario, sino que sea algo que se descubre conjuntamente.

Una mujer puede albergar, secretamente, el sentimiento de que si él es el hombre adecuado, o de que si realmente la ama, sabrá lo que debe hacer. Sentimientos así alimentan las fantasías románticas; pero no contribuyen a crear las condiciones para tener una experiencia sexual gratificante. Por otro lado, una mujer suele tener miedo de que se conozcan sus deseos, bien porque pueda ser juzgada de esta o aquella manera, bien porque su pareja no haga lo que ella desea. Por muchas y variadas razones, el sexo pierde buena parte de su romanticismo si ella ha de decirle lo que tiene que hacer.

Una mujer puede albergar, secretamente, el sentimiento de que si él es el hombre adecuado, o de que si realmente la ama, sabrá qué tiene que hacer. Sentimientos así alimentan las fantasías románticas; pero no contribuyen a crear las condiciones necesarias para tener una experiencia sexual gratificante.

Mientras la mayoría de los libros acerca de la sexualidad dicen que es importante hablar acerca de lo que sexualmente le gusta o le disgusta a cada cual, las parejas, por lo general, no suelen hacerlo. En nuestra sociedad, la gente suele inhibirse mucho cuando se trata de hablar acerca del sexo, pues sólo hablamos de ello cuando no estamos practicándolo. Un amante insatisfecho suele comenzar a hablar de lo que prefiere en un momento en que su pareja oye a disgusto la manifestación de esas necesidades. En lugar de convertir el cambio de impresiones en una experiencia divertida, parece como una censura o un reproche, y hasta cierto punto así es.

Los hombres son particularmente sensibles a que se les expongan esas necesidades. Cuando una mujer le dice lo que le gusta o le disgusta, él lo que oye es: «No eres lo bastante bueno. Otros hombres saben cómo hacerlo, ¿por qué tú no? ¿Qué pasa contigo?».

Irónicamente, se espera que un hombre lo sepa todo acerca del sexo; y como eso se da por supuesto, él no puede preguntarle a ella qué le gusta o qué no y tomarse tiempo para conocerla. De igual modo que las mujeres a veces se ven en la necesidad de fingir un orgasmo para complacer a su pareja, los hombres han de fingir una gran confianza en sí mismos para complacerlas a ellas. Muchos hombres quieren saber más, pero no saben cómo hablar acerca del sexo sin que parezca que son unos absolutos ignorantes en la materia.

De igual modo que las mujeres necesitan a veces fingir un orgasmo para complacer a su pareja, los hombres han de fingir una gran confianza en sí mismos para complacerlas a ellas.

Cómo hablar fácilmente acerca del sexo

Un modo de superar esta falta de comunicación consiste en leer juntos libros acerca de la sexualidad y conversar sobre ellos. Es bastante más fácil acercarse al tema del sexo si tu pareja no se siente censurada al hacerlo. Cuando oyes algo que te parece bien para ti mismo, responder a eso con un asentimiento tibio o entusiasta da la posibilidad a tu pareja de sugerir o recordar lo que él o ella necesitan.

No importa lo que sepamos acerca del sexo; comprender las diferencias entre hombres y mujeres añade una visión completamente nueva. Nos sentimos mucho más motivados para dar a nuestras parejas lo que necesitan, una vez que hemos comprendido esas diferencias.

A veces, cuando hablo acerca del sexo, pido a mi audiencia que aplauda cuando realmente le gusta lo que digo, para poner de manifiesto a sus parejas que el punto que estoy desarrollando les parece una verdad como un templo. A los hombres les sorprende a veces el que las mujeres aplaudan lo más atrevido, y viceversa. Un marido no se lo toma como algo personal, si su esposa aplaude, porque la mayoría de las mujeres aplauden también, y además ella lo hace cuando escucha algo que le gusta, lo cual no significa que se queje de él. Así no necesita decirle directamente lo que prefiere, puesto que él puede observar su reacción. A través de la experiencia directa de esas enseñanzas de un modo no amenazador, muchas parejas que habían dejado de tener relaciones sexuales empiezan repentinamente a disfrutar del sexo gratificante. Captando de ese modo sus notables diferencias, los hombres y las mujeres son más capaces de recordarlas y están, en consecuencia, más motivados para hacer lo que se precise, a fin de crear las condiciones para disfrutar de una experiencia sexual gratificante tanto para ellos como para sus parejas.

Cada mujer es diferente

No sólo los hombres y las mujeres son diferentes, sino que cada mujer es diferente. Para que un hombre comprenda verdaderamente lo que una mujer necesita, un simple diálogo con ella sobre algún tema puede crear una diferencia grande y duradera. Para complicar aún más el asunto, no se trata sólo de que las mujeres sean diferentes, sino que a medida que pasa el tiempo cambian, y a veces invierten los cambios. Mientras que los acercamientos y las técnicas de carácter general pueden ser tratados en un libro o en un seminario, las preferencias individuales de tu pareja no son convenientes.

Cada mujer es diferente. Para que un hombre comprenda verdaderamente lo que una mujer necesita, un simple dialogo con ella sobre algún tema puede crear una diferencia grande y duradera.

Para Sam, acariciar el clítoris de su mujer fue un proceso difícil. Cuando ella conseguía excitarse, él sabía que lo estaba haciendo bien aunque no supiera el qué exactamente. Para que pudiera tener mayor confianza en sí mismo, le sugerí que le pidiese a su pareja, Ellen, que le enseñara su cuerpo. Les recomendé que hablasen de ello de un modo casual, sin intentar ponerse cachondos.

De un modo casi empírico, y no, por cierto, en una conversación picante, ella le explicó brevemente qué era lo que más le gustaba. Al principio, Ellen se mostró tímida, pero Sam le aseguró que hacerlo realmente les ayudaría. Con los años, Sam todavía recuerda cada una de las palabras que ella dijo.

Con una clara comprensión de lo que a una mujer le gusta más, un hombre puede relajarse. Mientras él no tenga que comportarse mecánicamente y seguir sus sugerencias al pie de la letra cada vez que hacen el amor, un conocimiento de sus preferencias le proporciona la suficiente confianza en sí mismo como para disfrutar de una experiencia sexual nueva en cada ocasión. Cuando algo no funcione por algún motivo, él sabe que puede dar marcha atrás y volver a lo que a ella le gusta. Esta clase de confianza ayuda a un hombre a relajarse en el sexo y, de hecho, le ayuda también a ser más creativo y espontáneo.

Un hombre se siente libre para intentar nuevas cosas si sabe que siempre puede regresar a lo que ya se ha experimentado como algo satisfactorio.

El Libro del Amor

En respuesta a la petición de Sam, Ellen dijo: «¿Tú quieres un manual de cómo hacerme el amor?». Sam sonrió y asintió.

En la intimidad del dormitorio, Ellen habló con Sam en primer lugar sobre las maneras en que a ella le gustaba ser acariciada, y también dónde. Él le pidió entonces que le mostrara cómo le gustaría que le acariciase entre las piernas. Casi de un modo didáctico, ella empezó a enseñárselo. Ellen no estaba tratando de estimularse a sí misma, sino de mostrarle a Sam sus movimientos favoritos.

Después de observar durante un buen rato, Sam se acercó aún más, para mirar con más detalle y poder repetir exactamente los movimientos que ella le había mostrado. Trató de recordar claramente qué aspecto tenía su vulva cuando ella se tocaba a sí misma, de modo que pudiera hacer los mismos movimientos, con idéntica intencionalidad, y sin mirar.

Para practicar, usaron un espejo. Él se echó junto a ella, se acercó a su vulva y comenzó a acariciarla con una mano, al tiempo que con la otra sostenía el espejo. Mientras tocaba sus genitales, él podía observar sus movimientos en el espejo. Más tarde, cuando tuvieron efectivamente una relación sexual y ella gemía por la excitación, él supo que la estaba complaciendo porque podía visualizar claramente lo que sus manos estaban haciendo y dónde la estaba acariciando.

Durante su charla, Sam estudió cuidadosamente el terreno de sus órganos sexuales, particularmente el clítoris. Ellen estaba segura de conseguir siempre la estimulación que ella necesitaba, pero lo más importante era que Sam sabía ahora exactamente qué debía hacer.

Mientras esto obraba maravillas para mejorar su vida sexual, le sugerí también a Sam que cuando su relación fuera extraordinariamente gratificante, le preguntase a Ellen qué era lo que más le había gustado. En esas ocasiones, le explicaba a Ellen, ella debería tener mucho cuidado para centrarse efectivamente en lo que la había complacido, sin que sonara a crítica.

Si Sam preguntaba específicamente acerca de algo y a ella no le gustaba la pregunta, en vez de entrar en detalles y en enojosas explicaciones, Ellen debería hacer una pausa que diera a entender que andaba buscando el modo más agradable de decirle que no le había gustado la pregunta. Esta consideración hace que la información negativa sea mucho más fácil de aceptar.

Ella también podía decir: «Ha sido muy agradable» o «Ha

estado muy bien», pero sin mucho entusiasmo. Sam captaría enseguida que no había sido algo maravilloso. Si algo la desagradaba, podía decir: «A mí eso no me va». Estos comentarios amables y dulces le harían más fácil a Sam reiterar sus peticiones en el futuro.

Preguntándole de vez en cuando qué le gusta, Sam le permite compartir cualquier nuevo descubrimiento o cambio en su conocimiento de lo que a ella le gusta sexualmente. De igual manera, Sam puede hacerle saber a ella cuándo ha hecho algo que a él verdaderamente le ha gustado.

Cuándo hablar acerca del sexo

No es muy romántico preguntarle a una mujer qué desea que se le haga durante un encuentro sexual. Lo más adecuado es hacerlo, bien al acabar, o bien cuando no tienes planeado hacer el amor inmediatamente. Durante el encuentro, ella no quiere pensar en sus necesidades, sino, por el contrario, sentir con mayor intensidad y dejar que todo se vaya desarrollando gradual y espontáneamente.

Para reunir información acerca de lo que a una mujer le gusta en la cama, un hombre debe prestar una cuidadosa atención a cómo responde ella durante el acto sexual. Un hombre necesita oír a una mujer expresar verbalmente su placer. De ese modo, él consigue la indicación necesaria para saber qué va bien para satisfacerla. Una mujer puede disfrutar más del sexo si expresa sus sentimientos verbalmente.

Para conseguir información de un modo más directo, un hombre puede preguntar, pero, en teoría, debería hacerlo cuando se tenga la impresión de que el acto sexual ha sido óptimo. Otra buena ocasión para preguntar es haciendo hincapié en algún comentario sobre un libro que se esté leyendo, sobre una conferencia o sobre la escena de una película.

Este tipo de conversación ha de ser informal y no demasiado directa. Por ejemplo, el hombre no debería tomar notas y luego decir: «Vale, primero quieres esto y luego aquello; después de esto, yo debería hacer aquello otro...».

Una aproximación así sería demasiado mecánica para ella. Lo que la mujer necesita sentir, cuando el hombre tiene relaciones sexuales con ella, es que está expresando sus sentimientos, y no siguiendo una fórmula.

GUIAR CON «FRÍO» Y «CALIENTE» LA RELACIÓN SEXUAL

Los hombres son particularmente sensibles acerca de las necesidades sexuales. Cuando un hombre escucha las sugerencias o peticiones de una mujer, a veces se siente como si lo corrigieran o criticasen, y eso le es difícil de sobrellevar.

Ofrecer pistas de «frío» y «caliente» constituye un juego que puede ayudar muchísimo a tu pareja. Alguna vez a lo largo de tu vida habrás jugado probablemente al juego de encontrar un objeto escondido. El modo de ayudar a la persona a buscarlo, sin decírselo directamente, es guiarle mediante esos mensajes de «frío» y «caliente».

Cuando el buscador se acercaba, tú decías: «caliente, caliente»; y cuando se alejaba: «frío, frío». De igual modo, una mujer puede emitir sonidos, durante el acto sexual, que vengan a significar: «cada vez más caliente» o «¡Huy, qué frío, qué frío!».

Estas reacciones son muy importantes. Es como si él llevara los ojos vendados y necesitase tus indicaciones para encontrar el camino. A cada caricia él necesita saber si la cosa va caliente o fría. Disponer de pistas fiables es muy importante para que pueda conocer cada vez mejor el cuerpo de su pareja.

A veces una mujer puede estar disfrutando de la fase de relajación en el encuentro sexual, y la ausencia de sonidos es la expresión natural de su calma interior y de su relajación. Este silencio puede ser equívoco, porque en otras ocasiones puede querer decir que él no la está estimulando del modo adecuado y que ella no está disfrutando. La solución estriba en que ella le haga saber verbalmente que está disfrutando tranquilamente de la relajación.

Ella podría decir: «Me siento estupendamente. Deja que me acurruque junto a ti un rato» o «Me siento tan bien que sólo me apetece relajarme un rato y disfrutar de tus caricias», o simplemente: «¡Mmmm, qué bien se está!». Esto le proporcionará la paciencia y la comprensión que él necesita para proceder.

Cómo ofrecer una indicación positiva

Cuando el hombre está haciendo algo que incomoda a la mujer o que ella sencillamente rechaza, la mejor técnica es dirigirlo en la dirección que sea más placentera. Como con otras meritorias habilidades en la relación interpersonal, la aproximación que mejor funciona es la de ayudarlo a tener éxito, antes que centrarse preferentemente en sus equivocaciones.

En el sexo, ella puede dirigir la mano de él a donde le gustaría, para ofrecer una respuesta placentera. Él lo comprenderá enseguida. Por ejemplo, si ella quiere verbalizar algo, podría decir: «Me gusta esto», en lugar de: «no me gusta eso».

Diez jarros de agua fría sexuales

Cuando una mujer no comprende la sensibilidad de un hombre en este campo, tiende, sin pretenderlo, a desalentarle con expresiones como las siguientes:

1. No lo estás haciendo muy bien.
2. No me gusta eso.
3. ¡Eh, que eso hace daño!
4. Eso me hace cosquillas.
5. No me acaricies así.
6. Así no.
7. Ahí no.
8. Aún no.
9. No estoy lista.
10. ¿Qué estás haciendo?

Este tipo de respuestas pueden enfriar a cualquier hombre inmediatamente. Igual que tarda un minuto en excitarse, tarda uno en enfriarse.

POR QUÉ UN HOMBRE SE ENFRÍA

En muchas ocasiones durante el encuentro sexual el principal objetivo del hombre es satisfacer a su pareja. En esas ocasiones, él es aún más sensible a las respuestas negativas. Si comete un error y se siente criticado, a veces a una mujer no le queda más remedio que aceptar que sus sentimientos han sido heridos y que necesita un cierto tiempo antes de que pueda volver a excitarse de nuevo.

> *Cuando el hombre busca sobre todo satisfacer*
> *a su pareja, es mucho más sensible a las*
> *respuestas negativas.*

He aquí un ejemplo de cómo una mujer puede provocar, sin querer que un hombre se enfríe. Durante el acto sexual con Jake, Annie no dejó de decir cosas como: «Así no», «No me gusta eso» y «Me hace cosquillas». Bien, después de tres intentos, Jake se enfrió, y se detuvo repentinamente. En un instante todos sus sentimientos habían desaparecido. Ella dejó de tener atractivo para él y se apagó.

Annie exclamó: «¿Qué es lo que no funciona?».

Jake no respondió.

Tras esperar unos momentos, ella dijo: «¿No estábamos haciendo el amor?».

Él dijo: «Sí».

Ella dijo: «Y qué, ¿vamos a seguir o no?».

Él dijo: «No».

Después se volvió y se echó a dormir.

En la consulta, yo le dije a Jake que hablara con Annie de lo que había ocurrido. Él le dijo: «Durante la relación sexual soy muy sensible a ciertos comentarios. Preferiría que me guiaras la mano a donde tú quieras, antes que decirme que no te gusta lo que te hago. Si te hago cosquillas, entonces me gustaría que me retiraras la mano y que intentaras no reírte, sobre todo si yo estoy serio. Si mis caricias te hacen cosquillas, podrías hacer presión con tu mano sobre la mía para indicarme que te acaricie con más intensidad, en vez de seguir haciéndote cosquillas con una caricia de pluma».

Para sorpresa de Jake, Annie se mostró muy abierta a sus comentarios, y él se lo agradeció muchísimo. Tiempo después, cuando a Annie se le escapaba algo que pudiera desalentar y enfriar a Jake, éste hacía lo imposible por no tenérselo en cuenta.

Aun cuando la excitación de un hombre desaparezca durante un rato, en poco tiempo puede regresar con más ímpetu. Parar y discutir por qué se ha enfriado no suele ser un remedio muy efectivo para devolverle la excitación.

Aun cuando la excitación de un hombre desaparezca durante un rato, y él pretenda demostrar que todo va bien, lo cierto es que en poco tiempo puede recuperarla.

SONIDOS CONTRA FRASES

Para hacer sugerencias en el encuentro sexual, lo mejor para las mujeres es emitir leves sonidos y no usar nunca frases completas. Cuando una mujer usa frases completas, puede estar echando, sin saberlo, un buen jarro de agua fría sobre su pareja. Utilizar frases completas es una pista sutil que le indica a él que ella aún está en un nivel mental, y no viviendo completamente a través de su cuerpo.

Algunas veces una mujer puede decir cosas que haya leído en novelas románticas, tales como: «Tu caricia me hace desear que penetres en mi cuerpo». Para un hombre, esto puede sonar tan chocante como, por ejemplo: «Oye, qué grande es esa durísima polla tuya». Ocurre que suena como si no procediese de sus sentimientos. Para transmitirle el mismo mensaje, pero mucho más efectivamente, ella puede emitir sonidos profundos como «hummm», o altos como «Ooooh». La respuesta sentimental de una mujer a las caricias de un hombre le proporciona a éste toda la información que necesita.

La respuesta de una mujer a las caricias de un hombre
le da a éste toda la información que necesita.

Si una mujer usa frases completas, ello puede deberse a que a ella le excita que el hombre las use. A una mujer le impresiona mucho el hecho de que un hombre pueda mantener la erección y la excitación y al tiempo hablar con ella.

Un hombre tiende a estar callado mientras está consiguiendo excitarse. Aunque suele tener la habilidad suficiente para hablar con frases completas, él no suele hacerlo; no le gusta que ella se dirija a él con frases completas, por ello no se percata de que a ella le encantaría.

Hablarle con frases completas no sólo incrementa su excitación, sino que también puede aumentar su autoestima y ayudarla a amar su cuerpo.

VEINTE FRASES SEXUALES EXCITANTES

Estas son algunas frases que él puede usar para incrementar el placer de ella si son capaces de expresar sus verdaderos sentimientos. Él no debería usar estas frases sólo para excitarla. Es importante que parezcan expresiones genuinas de lo que él siente verdaderamente dentro de sí y de las que quizá no había captado lo importante que era manifestarlas. Aquí va una lista de veinte de esas frases:

1. Eres muy guapa.
2. Tú eres la encarnación de mis sueños.
3. Te quiero mucho.
4. Adoro compartir mi vida contigo.
5. Me excitas muchísimo.
6. Tus pechos me excitan.
7. Me vuelve loco acariciar tu piel suave.

8. Me encanta tenerte entre mis brazos.
9. Amo tus pechos.
10. Adoro tus piernas.
11. Tienes unos pechos muy bonitos.
12. Tus labios son perfectos.
13. Parece que te sientas bien.
14. Estás muy caliente.
15. Eres una delicia.
16. Estás húmeda.
17. Soy todo tuyo.
18. Sólo te amo a ti.
19. Adoro tener relaciones sexuales contigo.
20. Te deseo.

Estos mensajes, claramente expresados o susurrados en su oído, la ayudarán a sentirse amada, lo que, a cambio, la abre a la experiencia de deseos sexuales más intensos. Con todos los medios de comunicación y las revistas llenos de mujeres de cuerpos perfectos, es difícil para una mujer aceptar que su pareja verdaderamente adora su cuerpo.

Siempre consigo una nutrida salva de aplausos cuando enumero esta lista de cosas que pueden decirse. Las relativas a los pechos consiguen, especialmente, un gran aplauso. Los hombres no se dan cuenta de que las mujeres adoran, y necesitan, oír tales cosas una y otra vez. Un hombre sentirá, durante un encuentro sexual, que los pechos de su pareja son perfectos, pero de lo que no se percata es de que ella necesita oírlo. Erróneamente piensan que basta que él quiera acariciarlos.

El encargado de una corsetería me contó esta historia. Mientras un grupo de mujeres sesentonas estaba comprando, una de ellas se estaba probando un conjunto muy sexy. Las otras mujeres meneaban la cabeza y le decían que no podía llevar algo así. Con gran seguridad, ella respondió: «Cuando tú eres la única mujer desnuda en la habitación, para ellos vales un potosí». Ese comentario revelaba una penetración psicológica que la mayoría de las mujeres no poseen acerca de los hombres. Cuando un hombre te ama, cuanto más se excita, más perfecto le parece tu cuerpo. Lo último que le pasa a un hombre por la cabeza durante el acto sexual es lo gruesos que puedan ser tus muslos.

Cuando tú eres la única mujer desnuda en la habitación, para él vales un potosí.

CUANDO LOS HOMBRES MIRAN A OTRAS MUJERES

Cuando un hombre vuelve la cabeza porque se cruza con una mujer despampanante, a las mujeres se les hace presente que no tienen un cuerpo como aquél. Eso puede ser duro para la imagen que de sí tiene una mujer. Expresar el amor a una mujer usando frases completas cuando ella está desnuda y entregada a sus abrazos no sólo la excita, sino que también la ayuda a sentirse bien consigo misma y agradecida de estar con un hombre tan cariñoso.

Cuando un hombre vuelve la cabeza porque se cruza con una mujer despampanante, a las mujeres se les hace presente que no tienen un cuerpo como aquél. Y eso puede ser duro para la imagen que de sí tiene una mujer.

Una mujer no comprende instintivamente que el mismo hombre que mira a una mujer despampanante, cuando está enamorado y ella le excita, se pueda sentir absolutamente cautivado por la belleza de su cuerpo, sin preocuparse del lugar que ocuparía en la escala de los medios de comunicación. Cuando un hombre ama a una mujer y ésta expresa su femineidad en su relación, él se siente atraído por ella, no sólo por su cuerpo. Cuanto más lo atraiga ella, más bello le parecerá su cuerpo. La atracción que se queda en la piel no puede durar mucho tiempo. Por lo general, una atracción que es sólo física se quema enseguida, como una cerilla.

Es importante que las mujeres comprendan que a los hombres las mujeres les atraen primero visualmente. Un hombre ve una mujer hermosa e instintivamente quiere mirar su cuerpo. Cuando una mujer ve un hombre apuesto, ella puede querer conocerlo, pero no sólo por su físico. A ella no le preocupa de forma inmediata su cuerpo.

Una mujer suele equivocarse y asumir que un hombre es superficial si a él le atrae primariamente el físico. Ella no se da cuenta de que él también quiere conocerla, pero el lugar por el que comienza es el cuerpo.

Al principio, los hombres se excitan más visualmente, mientras que una mujer está más interesada en conocer a la persona. Poco a poco, a medida que la relación progresa, a un hombre le excita más la manera de ser de la persona. De la misma forma, la mujer que ya ama el interior de su pareja es progresivamente atraída y excitada por su cuerpo también.

Incluso si a veces en el comienzo de una relación un hombre no esta seguro de sentirse completamente satisfecho con el cuerpo de su pareja, con el tiempo, a medida que él la conoce mejor y la ama, experimentará la perfección de su cuerpo. Es bastante fácil para un hombre soltero ser hipnotizado por los medios de comunicación acerca de lo que convierte en bella a una mujer. Él compara su pareja con las que ve en la televisión y en las revistas. Afortunadamente, cuando está excitado y enamorado, el modelo por ellos impuesto se rompe y él puede apreciar de lleno la belleza de su amante.

En esas ocasiones, en el curso del acto sexual, él debería reafirmarla diciéndole cosas dulces acerca de lo bello que le parece su cuerpo. Esto no sólo lo libera a él de la influencia ejercida por los medios de comunicación, sino también a ella.

UNA SOLUCIÓN SENCILLA

Sin un conocimiento de cómo los hombres son atraídos visualmente, una mujer empieza a sentirse poco atractiva cuando su pareja mira a otra mujer, y empieza, también, a albergar cierto resentimiento. La solución a este problema puede ser muy sencilla.

Una mujer ha de aceptar como un hecho natural el que el hombre aprecie visualmente a otras mujeres; y cuando un hombre mira, necesita mirar con atención. Una vez Bonnie y yo estábamos en un ascensor con una pareja mayor y una modelo veinteañera en biquini. En esa ocasión, incluso a las mujeres les resultó difícil no mirar. Cuando salimos del ascensor, la otra mujer le dijo a su marido: «¡George, por Dios, está bien que mires; pero no que babees!».

---

*Una mujer ha de aceptar como un hecho natural el que
el hombre aprecie visualmente a otras mujeres; y
cuando un hombre mira, necesita mirar con atención.*

Comprensión y sensibilidad hacia los sentimientos de tu pareja es la respuesta. Cuando por un momento me fijo en otra mujer y disfruto mirándola, por consideración a mi esposa me vuelvo hacia ella y le presto una atención especial. Es mi forma de decir: «Sí, esa era una mujer hermosa. Cielos, cómo me gustan las mujeres hermosas. Y tengo la suerte de estar casado con una mujer muy hermosa; porque tú eres la única con quien yo quiero estar».

Volviéndome hacia ella y expresándole mi afecto, yo le confirmo que ella es la única persona con quien yo quiero estar. En vez de enfriarme, ella es capaz, a su vez, de encenderme.

TIEMPO, TIEMPO Y MÁS TIEMPO

Si nosotros queremos confianza para que nuestra pasión crezca y sea más duradera, debemos dedicarle más tiempo al sexo. Mientras que un hombre puede no necesitar más de unos pocos minutos de estimulación para tener un orgasmo, una mujer necesita, por lo general, bastante más tiempo. Comprendiendo esto, un hombre puede estar seguro de que está haciendo lo adecuado, aunque su pareja tarde más en excitarse y alcanzar el orgasmo.

El ritmo del proceso es una de las mayores diferencias sexuales entre los hombres y las mujeres. Un hombre está conformado biológicamente para estar completamente excitado en muy poco tiempo, como una linterna; mientras que una mujer se excita lenta y gradualmente.

CUÁNTO TIEMPO

Básicamente, un hombre necesita dos o tres minutos de estimulación para tener un orgasmo. Es un proceso bastante simple, tan fácil como agitar una lata de cerveza y después dejar que se vierta el líquido.

Si una mujer va a tener un orgasmo, generalmente necesita casi diez veces esa cantidad de tiempo: entre veinte y treinta minutos de preliminares y estimulación de sus genitales.

Si un hombre quiere que la mujer llegue al orgasmo, debería recordar lo siguiente: para que ella experimente el gran ¡Oh!, él necesita colocar la O exclamativa después de sus 2 o 3 minutos para convertirlos en 20 o 30.

Para que una mujer experimente el gran ¡Oh!, el hombre necesita colocar la O exclamativa después de sus 2 o 3 minutos para convertirlos en 20 o 30 minutos.

El coito es algo tan placentero para él que no puede imaginar que no sea igual de maravilloso para ella. Cuando la mujer le dice que no ha tenido un orgasmo, él se siente normalmente confuso o frustrado. Sin comprender que ella necesita diez veces más tiempo que él, el hombre se puede sentir impotente para excitarla.

Durante el coito, ella puede que emita sonidos de placer y satisfacción. Pero eso no significa que esté recibiendo la estimulación que necesita. Muy a menudo el placer que ella siente es su respuesta emocional al placer de él. Y se siente bien al conectar emocionalmente con él y provocarle tal placer, incrementando su propio deseo; pero la satisfacción emocional no estimula su sexualidad. La mujer necesita caricias y tiempo, si de lo que se trata es de alcanzar el orgasmo.

La satisfacción emocional no basta. Una mujer necesita caricias y cierto tiempo, si de lo que se trata es de alcanzar el orgasmo.

En el negocio inmobiliario hay un dicho que nos ayuda a comprender el valor de una propiedad: «Ubicación, ubicación, ubicación». En el sexo diríamos: «Tiempo, tiempo y más tiempo».

Cuando una mujer consigue el tiempo que necesita, se siente segura de que conseguirá la satisfacción que busca. Cuando un hombre comprende que no se trata de lo que haga, sino de cuánto tarda en hacerlo, ha comprendido la diferencia fundamental, y su seguridad se refuerza notablemente.

Un hombre se siente seguro cuando su pareja tiene orgasmos regularmente. Si ella no tiene un orgasmo en cada sesión, el hombre comienza a preocuparse. En el próximo capítulo exploraremos cómo a veces la mujer puede quedar sexualmente satisfecha sin llegar al orgasmo.

5

Las mujeres son como la Luna, los hombres son como el Sol

Las mujeres son como la Luna, en el sentido de que su experiencia sexual siempre está creciendo o menguando. A veces, independientemente de lo buen amante que él sea, ella no alcanzará el orgasmo. Puede que ella no sólo sea incapaz de alcanzarlo, sino que incluso no quiera tenerlo. Es muy importante que los hombres comprendan esta diferencia entre hombres y mujeres.

En su ciclo sexual, que tiende a durar veintiocho días aproximadamente, a veces la mujer desea un orgasmo y su cuerpo está en sazón y dispuesto; mientras que en otras ocasiones sólo quiere acurrucarse y estar muy cerca del hombre, casi refugiándose en él. Esas veces también puede practicar el sexo, e incluso ser excitada, pero su cuerpo no se preocupa de alcanzar el orgasmo.

A veces una mujer desea realmente un orgasmo
y su cuerpo está en sazón y dispuesto; pero
en otras ocasiones ella preferirá acurrucarse
y estar muy cerca de él.

A veces está en la fase de luna llena de su ciclo, a veces en la fase de media luna y, otras, en la de luna nueva. En cada una de estas fases, y en todas las intermedias, sus deseos sexuales varían. Y no hay manera de predecir en qué fase se halla. Incluso de un mes para otro, la extensión del ciclo también varía.

Los hombres no comprenden instintivamente esta diferencia porque, en este sentido, ellos no son como la Luna. Los hombres son como el Sol. ¡Cada mañana se levanta con una gran sonrisa!

Cuando un hombre se excita, su cuerpo generalmente busca y quiere una satisfacción. Quiere su orgasmo, y, también, por lo general, es bastante capaz de conseguírselo. Si él se pone cachondo y no consigue satisfacerse, no sólo se sentirá emocionalmente insatisfecho, sino que también puede padecer la incomodidad física de la orquitis, esto es, la hinchazón dolorosa de los testículos. Por esto es por lo que le resulta difícil imaginar que su pareja no desee o no necesite el alivio del orgasmo cada vez que se practica el sexo. Ella puede disfrutar de la intimidad del sexo, pero no querer un orgasmo. Cuando ella no está interesada o no desea tener un orgasmo, él cree, erróneamente, que algo va mal.

Cómo miden los hombres el éxito sexual

Los hombres tienden a medir su éxito sexual en función del orgasmo de las mujeres. Si ella no se corre, a él puede girársele el gesto durante horas. Esa es la razón por la que una mujer se siente presionada para actuar en el encuentro sexual incluso aunque le disguste. Puede fingir el placer sexual y el orgasmo sólo para satisfacerle.

Esta presión para actuar impide que ella quede satisfecha sexualmente; y la aparta de experimentar el flujo y reflujo que es propio de su experiencia sexual. Si ella ha de responder en pie de igualdad con él en lo que al orgasmo se refiere, no podrá relajarse y descubrir dónde, de un modo natural, la llevaría el sexo.

Presionar a una mujer para que tenga un orgasmo la aparta de satisfacerse sexualmente por completo.

Una vez que la mujer siente que ha de fingir los orgasmos, o simplemente actuar, ello puede apartarla de tener orgasmos reales. Se dice que muchas de las grandes «diosas eróticas» famosas fueron personas incapaces de tener orgasmos en sus relaciones íntimas. Por lo común, las prostitutas aparentan disfrutar tremendamente del sexo, de tener orgasmos fáciles, pero son incapaces de tener un orgasmo real.

La presión para tener un orgasmo en cada relación sexual puede apartar a la mujer de tenerlos en esas veces en que su cuerpo puede realmente tenerlo. Una de las condiciones para el sexo gratificante es que la mujer no se sienta obligada a actuar, de ninguna manera. Esto puede conseguirse fácilmente a través de la comprensión de las diferencias que hay entre hombres y mujeres.

Una vida sexual excelente significa que a veces el sexo se convertirá en un recuerdo fantástico imposible de olvidar; mientras que en otras ocasiones puede que no sea tan intenso, pero es amoroso y ambos amantes consiguen lo que quieren: el hombre consigue su orgasmo y ella, esté o no de humor para tener un orgasmo, consigue el afecto físico que desea.

Sexo memorable

Una vez, mientras me desvestía antes de irnos a la cama, miré a mi mujer mientras ella también se desvestía. De repente comencé a pensar en la posibilidad de que tuviéramos relaciones sexuales esa noche.

—¿Hemos tenido relaciones sexuales esta mañana? —pregunté.

Ella sonrió y dijo:

—Así es, y fue algo memorable, ¿o no?

Yo reí.

Este diálogo es lo que mejor describe para mí la diferencia entre las relaciones sexuales regulares y las memorables. Una vida sexual gratificante ha de incluir ambos tipos de relaciones: las regulares y las memorables.

Aunque uno pueda conocer las habilidades para lograr un sexo memorable, es fácil olvidarlas y caer en la rutina del sexo regular. Los hombres, particularmente, olvidan con más facilidad la manera de crear un encuentro sexual memorable. No es que no se preocupen, sino que simplemente olvidan lo que es importante para la mujer.

Los hombres están más orientados hacia la eficacia. Cuando veinte minutos de preliminares dan resultado, un impulso subconsciente emerge y dice: «Comprobemos si en diez minutos se puede conseguir el mismo efecto». Y casi automáticamente olvidan que ella necesita más tiempo.

POR QUÉ LOS HOMBRES SON OLVIDADIZOS

Tener una vida sexual gratificante no quiere decir que en cada ocasión hayas de ver fuegos artificiales; pero sí requiere que insistas en ser consciente de las diferentes necesidades de tu pareja. Idealmente, en cada encuentro, tanto el hombre como la mujer deberían sentir que consiguen lo que necesitan.

Los hombres, por lo común, tienden a olvidar lo que una mujer necesita para ser satisfecha sexualmente. Al comienzo, él puede ir muy despacio bien porque no está seguro de lo que a ella le gusta, bien porque duda de que ella esté deseando ser acariciada. Pero una vez que tienen relaciones sexuales regulares, él no se da cuenta de que fueron sus movimientos lentos y de tanteo los que tanto la excitaron. Incluso cuando un hombre ha leído algo acerca de estas diferencias, porque no forman parte de su experiencia instintiva, puede olvidarlas fácilmente en el calor de la pasión.

> *Una vez que la pareja está teniendo relaciones sexuales regularmente, el hombre no se percata de que fueron sus movimientos lentos y de tanteo del comienzo lo que tanto la excitaron.*

Por lo general, una mujer sentirá como si no se preocupara por ella misma. Incluso si un hombre se preocupa profundamente, puede olvidarse y ni siquiera enterarse de que está olvidando algo esencial. Yo recuerdo una experiencia sorprendente en nuestro primer año de casados. Después de dar una conferencia sobre sexualidad, y mientras regresábamos a casa en coche, le pregunté a Bonnie si le había gustado mi charla.

Ella dijo: «Me encanta oírte hablar acerca del sexo. Esa es la razón por la que siempre vengo a tus conferencias sobre sexualidad. Tienes la virtud de describirlo muy claramente».

Yo dije, orgulloso y confiado: «Cuando describo la sexualidad gratificante, ¿tiene algo que ver con lo que yo hago?». Expectante, esperaba oírle decir: «Por supuesto».

En vez de eso, ella dijo, como dudando: «Bueno..., tú sueles hacerlo más....».

La interrumpí: «¿Quieres decir que no hago todas esas cosas?».

Respondió: «Bueno, últimamente parece como si anduvieras con ciertas prisas».

Asentí: «Esta noche tendremos todo el tiempo del mundo».

Bonnie respondió: «Mmmm, suena bien».

La ausencia de un tono crítico en su voz me ayudó a no ponerme a la defensiva. Suelo compartir esta anécdota íntima para señalar que a pesar de que enseño a las audiencias los fundamentos del sexo gratificante, en ocasiones puedo olvidar la regla básica de dedicarle más tiempo a ella.

Cuando un hombre no se toma el tiempo que una mujer necesita, una táctica para ralentizar el proceso es hacer un comentario breve y escogido, como:

«Esto me ha gustado. Vayamos realmente despacio.»
«Asegurémonos de que tenemos tiempo por delante.»
«Esta noche quiero recrearme cuanto haga falta.»

Esta clase de comentarios son informativos, no correctivos o controladores.

Mientras escuchaba a hombres y mujeres, en mis primeros seminarios, compartir historias de encuentros sexuales memorables, comencé a percatarme de que todas tenían algo en común. Un hombre contaría historias acerca de cómo le respondió una mujer: estaba orgulloso de cómo la había vuelto loca de placer o la había llevado a las cimas más altas del éxtasis.

Las mujeres, por su parte, describían más cómo sintieron y lo que su pareja hizo por ellas. El proceso era para ellas más importante que el resultado final. Las mujeres describían orgullosas lo que el hombre hizo para satisfacerlas. Esta diferencia temática es muy significativa.

La línea básica de lo que convierte el sexo en algo satisfactorio y memorable para un hombre es la satisfacción de la mujer. Cuando el hombre tiene éxito en satisfacerla, también él se siente satisfecho.

Lo que convierte el sexo en algo satisfactorio y memorable para un hombre es la satisfacción de la mujer.

Lo que convierte el sexo en algo satisfactorio y memorable para una mujer es lo mismo, su satisfacción. Ciertamente, ella quiere que él esté satisfecho, pero esa satisfacción no es una causa primordial de su propio placer; no le preocupa la estimulación física que ella necesita para el orgasmo. Las mujeres no suelen decir cosas del estilo de: «Fue un encuentro fantástico, porque él tuvo un orgasmo de primera». Para ella el sexo es gratificante cuando un hombre tiene éxito en satisfacerla.

Para que la relación sexual sea memorable para ambos, desde ambas perspectivas, la mujer necesita ser satisfecha. Yo nunca he oído a un hombre quejarse así: «Ella se lo pasaba divinamente, y yo no. Sólo se preocupaba de sí misma y de su propio placer. Me usó y luego me dejó tirado».

Cuando el placer de ella se convierte en el placer de él

Cuanto más emocionalmente está un hombre conectado a una mujer, en mayor medida el placer de ella se convierte en su propio placer. A través de la penetración física, él también la penetra emocionalmente y puede experimentar la satisfacción de ella como propia.

Si una mujer se lo pasa muy bien, el hombre suele tener más crédito, y esto aún la excita más. El placer y la satisfacción de él están asegurados por la satisfacción de ella. Como ya hemos dicho con anterioridad, la satisfacción sexual del hombre viene determinada, o medida, por la máxima satisfacción de la mujer. Si ella por el motivo que sea no alcanza el orgasmo, él erróneamente cree que no ha quedado satisfecha. Esta tendencia puede invertirse cuando él comprende que ella puede quedarse satisfecha sin necesidad de tener un orgasmo.

> *A veces una mujer puede quedarse satisfecha sin alcanzar el orgasmo.*

La verdad es que es un gran alivio, para la pareja, el hecho de que el hombre comprenda que una mujer puede quedar satisfecha, a veces, sin alcanzar el orgasmo. El hombre puede, entonces, dejar de medir su éxito sexual en función de los orgasmos de ella; y ella puede distraerse de la presión para tener que alcanzarlo cuando suceda que su cuerpo no responda en esa dirección. A partir de ahí, él podrá medir su éxito por la satisfacción de ella, y ésta relajarse y disfrutar del sexo sin ningún tipo de presión. Los hombres deben recordar que las mujeres son como la Luna, y a veces pueden ser satisfechas incluso sin que alcancen el orgasmo.

Las mujeres a las que yo he aconsejado han expresado esta verdad de diferentes maneras:

«Yo no necesito tener un orgasmo en cada encuentro. Si no lo tengo, eso no significa que algo haya ido mal.»

«A veces, para satisfacerme sólo quiero que me abracen. Estoy contenta si él quiere algo así y tiene un orgasmo; pero realmente yo no quiero tenerlo. No, en ese momento. En otras ocasiones sí que deseo tenerlo, y lo quiero tener.»

«Me encanta tener orgasmos, a veces; pero otras lo que más me gusta es que me acaricien y me abracen amorosamente.»

«El sexo a veces se centra demasiado en llegar al orgasmo. A veces me sorprendo a mí misma intentando alcanzarlo, y ahí se acaba la diversión. Yo lo que quiero es estar bien con mi pareja, y si no tengo ninguno, pues no me importa.»

Cuando un hombre no comprende que las mujeres son como la Luna, no sólo se frustra, sino que ejerce una presión intolerable en la mujer para que actúe teatralmente.

POR QUÉ SE SORPRENDEN LAS MUJERES

Cuando hablo con grupos de parejas acerca de lo importante que es para los hombres que su pareja quede satisfecha, ello suele levantar comentarios de sorpresa entre la mayoría de las mujeres. La verdad es que a ellas les gustaría responder: «Y si tanto le preocupa mi satisfacción, ¿por qué se da tanta prisa en satisfacer sus propias pasiones? Comprendiendo lo diferentes que somos, no es difícil responder a esa pregunta».

Los hombres quieren que una mujer esté satisfecha, pero consideran, erróneamente, que lo que les hace a ellos felices también funciona con ellas. Así que si se excita y satisface su propio placer, el hombre considera que ella, con eso, ya se siente feliz. Él no sabe, instintivamente, que ella necesita más tiempo; ni tampoco se percata de los otros requisitos que necesitan las mujeres para tener un encuentro sexual soberbio.

Como he mencionado repetidamente, la satisfacción sexual de una mujer es mucho más compleja que la de un hombre. Ella precisa un hombre que acaricie con habilidad, que disponga de tiempo y que tenga una actitud cariñosa. Por lo que hace al hombre, una vez que está excitado, se da por sabido que, por lo general, tendrá un orgasmo.

Su gran problema, del que hablaremos más adelante, es que puede llegar al orgasmo demasiado pronto. Desde su punto de vista, la mujer tarda mucho; y desde el de la mujer, él es demasiado rápido. Este problema se resuelve fácilmente si el hombre empieza por comprender que debe prolongar el acto sexual para satisfacer las necesidades básicas de su pareja. Una vez que ella esté satisfecha, lo más seguro es que ella será más comprensiva cuando, en otras ocasiones, él no quiera entretenerse tanto.

Los hombres y las mujeres son, de hecho, muy compatibles. En las ocasiones en que la mujer es como la luna llena, necesitada de un orgasmo, un hombre puede disfrutar llevándola a los más altos niveles de placer y satisfacción. En otras ocasiones, cuando está en la fase de media luna o cuarto menguante, su necesidad de ser acariciada puede ser satisfecha mientras él disfruta libremente del sexo sin tener que contenerse. En la última fase, él incluso puede tener un orgasmo rápido, en pocos minutos, tal como está preparado biológicamente para tenerlos.

De vez en cuando la pareja puede optar por tomarse mucho tiempo para que la mujer pueda alcanzar el orgasmo, y en otros momentos, cuando ella no tiene el ánimo para tener un orgasmo, él puede disfrutar de la libertad sin restricciones de procurarse su propio orgasmo. En esas ocasiones, él es como un atleta de cien metros lisos camino de la meta. En otras, es un corredor de fondo y es imprescindible que coja un ritmo que dure tanto como sea necesario.

CUANDO UNA MUJER NO QUIERE LLEGAR AL ORGASMO

Cuando una mujer empieza el acto sexual no sabe si su cuerpo va a querer tener un orgasmo o no. Ella no sabe si está en la fase de luna llena o en la de media luna. Puede sentirse seducida por su pareja y desear hacer el amor, pero a medida que el acto sexual progresa, ella puede descubrir que su cuerpo no está preparado y no desea tener un orgasmo.

Cuando el hombre se toma su tiempo intentando que llegue al orgasmo y ella colabora, pero su cuerpo no responde, puede ser muy frustrante para ambos. El hombre siente que algo falla y ya la censura a ella, ya se censura a sí mismo. Sin comprender sus fases lunares, la mujer puede llegar a pensar que algo en ella no funciona. En ese caso, intentará actuar y corresponder, pero eso no será algo real. Esto puede menguar la confianza sexual de ambos y dejar un recuerdo perturbador que limite su deseo de tener relaciones sexuales.

Ahora bien, cuando ambos miembros de la pareja comprenden el ciclo sexual de la mujer, esas viejas frustraciones desaparecen. Los dos amantes tienen mayor seguridad y sus juegos sexuales pueden comenzar a fluir libremente. Las mujeres suelen repetirme que sólo con oír que ellas son como la Luna, se sienten liberadas de centrar toda su sexualidad en el orgasmo. Una mujer que tiene dificultades para abrirse en el encuentro sexual, comienza a hacerlo cuando ella no se siente presionada para tener un orgasmo. No tener que responder hace que su comportamiento sea más natural y espontáneo. El hecho de no tener que intentar alcanzar un orgasmo cuando no le apetece, le deja absoluta libertad para tenerlo en otra ocasión.

> *Una mujer que tiene dificultades para abrirse en el encuentro sexual comienza a hacerlo cuando no se siente presionada para tener un orgasmo.*

Si durante el acto sexual una mujer comienza a darse cuenta de que no va a llegar al orgasmo, en vez de seguir intentándolo, puede decir: «Vayamos directamente al grano». Esta sencilla frase crea una diferencia abismal. El hombre no tiene ningún inconveniente en dejar de intentar que ella llegue al orgasmo y repentinamente dedicarse a conseguir el suyo.

Que ella no llegue al orgasmo sólo plantea dificultades cuando ellos no comparten el conocimiento de que él no le ha fallado. Cuando ella dice: «Vayamos directamente al grano», él lo siente como una salvación. Eso le recuerda que no es culpa suya, ni de ella; se trata, sencillamente, de que no es el momento adecuado para tener un orgasmo. El hombre puede satisfacerla con éxito siendo cariñoso mientras va detrás de conseguir el suyo.

De igual modo que un hombre necesita tomarse mucho tiempo para que una mujer quede sexualmente satisfecha, a veces él necesita que ella no se demore mucho por lo que a él respecta. En el próximo capítulo exploraremos el placer que, para los hombres, representan los polvos rápidos, sabiendo las mujeres que ellas también consiguen lo que necesitan.

6
El placer del polvo rápido

Mientras que muchos libros hablan de tomarse tiempo para que la mujer tenga una experiencia placentera, ninguno parece hablar sobre la legítima necesidad del hombre de no tomarse demasiado tiempo.

Aunque muchos hombres se sienten felices al complacer a sus parejas, algunas veces puede sentir que lo que uno quiere es justamente saltarse todos los preliminares y, como dice el anuncio, hacerlo y ya está. Algo profundo dentro de él quiere liberarse y dejarse ir por completo, sin ninguna restricción o preocupación sobre demorar el acto final o sobre lo que debería hacer para que su pareja fuera feliz. Esto no significa que él no quiera que ella sea feliz; sino que no quiere refrenarse.

Para ser paciente y tomarse regularmente el tiempo que una mujer necesita en las relaciones sexuales, un hombre necesita disfrutar, de tanto en tanto, de un polvo rápido. Cuando el hombre puede seguir sus instintos de vez en cuando para satisfacer su necesidad de «llegar cuanto antes al orgasmo» sin necesidad de los preliminares, puede, en algunas ocasiones, tomarse más fácilmente el tiempo que ella necesite. De igual forma que un coche necesita de vez en cuando correr a mucha velocidad por la carretera para limpiar el interior del carburador, algo dentro del hombre necesita alcanzar el placer sexual sin ninguna ralentización.

Para ser paciente y tomarse regularmente el tiempo
que una mujer necesita en las relaciones sexuales,
un hombre necesita disfrutar ocasionalmente
de polvos rápidos.

Sentir internamente esta necesidad y satisfacerla son cosas demasiado diferentes. Por ejemplo, siempre que James y Lucy echaban un polvo rápido, James se sentía culpable, porque estaba claro que Lucy no conseguía lo que necesitaba.

James sentía que tener relaciones sexuales sin los preliminares era egoísta y sabía que no estaba siendo un buen amante. Para tratar de solventar este problema, esperaría hasta el punto de llegar tarde al trabajo, para iniciar las relaciones sexuales con Lucy.

Así podría decir: «Bien, solamente tengo cinco minutos: he de irme a trabajar. Hagámoslo antes de que me vaya». Ella cooperaba y James experimentaba el placer de echar un polvo rápido sin sentirse culpable.

Después de un tiempo, esto dejó de funcionar. James no quería tener que llegar tarde al trabajo para disfrutar de un polvo rápido ocasional. Para resolver este problema de forma más eficaz, sugerí que James y Lucy negociasen.

POLVOS RÁPIDOS A CAMBIO DE ABRAZOS CARIÑOSOS

James le dijo a Lucy: «Algunas veces me gustaría tener relaciones sexuales sin todos los preliminares. Sé que esto no puede satisfacerte plenamente, pero a mí me hace sentir bien».

Le pregunté a Lucy: «¿Qué podría hacer James para que tú te sintieses bien cooperando con él durante los polvos rápidos?».

Ella dijo: «No estoy segura. Supongo que tengo muchas consideraciones con él. Me preocupa, sin embargo, que si yo echo polvos rápidos con él de buena gana, eso sea todo lo que acabe consiguiendo».

Él dijo: «De acuerdo, eso es sensato. ¿Qué te parece si yo te prometo tener unas relaciones sexuales más lentas de lo que nosotros las tenemos ahora?».

Ella dijo: «Está bien. ¿Qué tal una relación sexual auténticamente especial, o una escapada romántica una tarde al mes, por lo menos?».

James estuvo de acuerdo. En recompensa por un polvo ocasional o una «comida rápida sexual», ellos tendrían relaciones lentas o un «sexo saludablemente cocinado en casa» una o dos veces por semana; y al menos una vez al mes programarían una jornada especial sin interrupciones para tener unas «relaciones sexuales de *gourmet*».

Le pregunté a Lucy: «¿Hay algo más que necesitas que James haga para que tú estés cómoda dándole gusto a él en los polvos rápidos?».

Ella dijo: «Todo eso suena estupendo; pero yo aún no me siento cómoda con la idea de unas relaciones sexuales rápidas». Se volvió hacia James y continuó: «Cuando echamos un polvo rápido, la cosa no dura más de tres o cuatro minutos. Cuando tú ya estás, yo aún ni siquiera he empezado. Siento cómo esperas que esté completamente excitada y receptiva; pero la verdad es que, en tan poco tiempo, me resulta imposible».

James dijo: «De acuerdo, te lo concedo. Si tú aceptas algunos polvos rápidos ocasionales, te prometo que nunca esperaré que tú respondas. Lo consideraré como un regalo para mí; no espero que obtengas nada con ello; puedes permanecer como un leño muerto».

Lucy se rió y dijo: «De acuerdo, pero hay más». Lucy se dio cuenta de que en esos momentos tenía un gran poder de negociación. Ella tenía ya la Luna, pero quería también las estrellas, y James estaba complacido de ir con ella.

Ella prosiguió: «Si vas a tener polvos rápidos regularmente, entonces yo quiero abrazos cariñosos. Quiero sentir tu buena predisposición hacia los abrazos cariñosos para conmigo durante un rato, sin que consigas excitarte y desear tener relaciones sexuales».

Él dijo: «De acuerdo. Tú dímelo y ya está: me reprimiré y me limitaré a ser cálido y afectuoso». Hizo una pausa. «¿Eso es todo?»

Ella dijo: «Creo que sí».

Las cuatro condiciones

Pensé que era un pacto estupendo, y así lo creyeron también James y Lucy. Para asegurar que sus polvos rápidos estuvieran libres de todo sentimiento de culpa, sugerí que hicieran un resumen de su pacto.

James dijo a Lucy: «Dadas estas cuatro condiciones: regularmente, sexo saludable cocinado en casa, sexo de sibarita una vez al mes, no crear expectativas durante un polvo rápido y acariciarse cariñosamente con regularidad; entonces te sentirás feliz al practicar la comida sexual rápida conmigo».

Lucy dijo: «No suena mal; pero si a pesar de todo estoy demasiado cansada o tengo el periodo, o por cualquier otra razón, no quiero ni oír hablar de la obligación de tener que decir que sí».

James aceptó con entusiasmo.

En nuestra siguiente cita, James aceptó, sin importarle demasiado, que mientras echasen un polvo rápido Lucy realmente estuviese allí echada como un leño.

Cómo incrementar la atracción sexual

Ese pacto mejoró radicalmente la vida sexual de Lucy y James, de un modo que ni ellos mismos podrían haber imaginado que pudiera ocurrir. La atracción sexual que James sentía por Lucy empezó a aumentar sorprendentemente.

James lo describe de esta forma: «Por primera vez en mi historia sexual me sentí completamente libre. De pronto fui libre para saltarme los preliminares y pasar directamente al coito. Por primera vez no estuve en absoluto preocupado de mi actuación o de tener que proporcionar placer. Fue estrictamente para mí, y no hubo sensación de culpabilidad por el hecho de que ella no obtuviese lo que necesitaba. Los dos nos sentimos bien porque sabíamos que ella lo conseguiría en otro momento».

Para James, y para muchos hombres, la libertad de echar polvos rápidos sin sentirse culpables por ello es tan liberador como meterse en una tienda sabiendo que puedes comprar todo lo que quieras, o poder conducir tu coche sin ningún límite de velocidad; es como conducir una moto sin tener que llevar casco. En definitiva, es un sentimiento adolescente; pero también depara una nueva vida para el hombre dentro de su relación de pareja. Después de todo, es en la adolescencia cuando un hombre joven está en el apogeo de su sexualidad. No hay que sorprenderse de que esta libertad sexual recientemente conseguida vigorice muchísimo la vida sexual del compañero.

Además, después de que James y Lucy llegaran a ponerse de acuerdo, él nunca se mostró indeciso a la hora de iniciar las relaciones sexuales, porque no había posibilidad de un sentimiento de rechazo. En muchas ocasiones, cuando él tomaba la iniciativa, si a ella no le apetecía mucho, en lugar de decir no, con lo que hubiera conseguido que él se sintiera rechazado, ella simplemente decía que sí a un polvo rápido.

Curiosamente, después de unos pocos años de echar polvos rápidos sin sentimiento de culpabilidad, dejaron de ser tan importantes para James. Muchas veces, cuando él inicia las relaciones sexuales y a ella no le apetece hacerlo, más que echar un polvo rápido, él espera felizmente a que ella también lo desee.

Sabiendo que él casi siempre puede echar un polvo rápido y que ella está feliz de complacerle, cuando a ella no le apetece una relación sexual amorosa, él no se siente rechazado en lo más mínimo. Este sentimiento de que no será rechazado es esencial para que el hombre continúe siendo apasionadamente atraído por su pareja. Una vez que se ha llegado al acuerdo y el hombre no se siente rechazado, sigue siendo, para éste, un motivo de alegría ir a buscarlo sin tener que pisar el freno.

Cómo iniciar las relaciones sexuales con seguridad incluso cuando ella no está de humor para hacerlo

Echando polvos rápidos sin que el hombre se sienta culpable por ello, la mujer automáticamente anima a éste para que se sienta libre de iniciar el encuentro sexual. Estas son algunas frases comunes para iniciar relaciones sexuales, y las respuestas comunes que una mujer puede dar en vez de decir simplemente no.

Él dice	*Ella dice*
1. «Me haces sentirme realmente excitado. Hagámoslo ahora.»	1. «No estoy de humor para hacerlo, pero podríamos echar un polvo rápido.»
2. «Te he echado de menos. Busquemos un rato para hacerlo.»	2. «Humm, me parece una idea estimulante. No disponemos de mucho tiempo, pero podemos echar un polvo rápido.»
3. «Dispongo de tiempo, ¿te gustaría que lo hiciésemos?»	3. «Podríamos echar un polvo rápido ahora, y quizá mañana podríamos buscar más tiempo para hacerlo con calma.»
4. «¿Te gustaría ir arriba y pasar un rato íntimo juntos?»	4. «Podríamos echar un polvo rápido. Quizás eso me ayudaría a relajarme un poco, y entonces podríamos hablar.»
5. «Busquemos algo de tiempo para hacer el amor.»	5. «Bien, no estoy de humor para grandes preliminares; pero un contacto rápido sería agradable. Algunas veces lo único que quiero es sentirte moviéndote dentro de mí, incluso aunque no tenga orgasmo.»
6. «Me siento tan excitado que me gustaría tener una relación sexual ahora mismo.»	6. «También a mí me gustaría. No tenemos mucho tiempo, así que ¿por qué no echamos un polvo rápido?»

	Él dice		*Ella dice*
7.	«Tengamos relaciones sexuales esta noche.»	7.	«Tengo un dolor de cabeza horroroso. Quizá podríamos dejarlo para mañana. Ahora sólo podría hacerte un trabajito manual rápido.»
8.	No dice nada, pero suavemente se echa en la cama y comienza a hacer los movimientos propicios.	8.	«Humm, esto sienta bien. No te preocupes por mí esta noche, córrete tú.»
9.	Están teniendo relaciones, él está tocando su clítoris, y ella se da cuenta de que no va a tener un orgasmo.	9.	Ella le retira la mano y dice: «Solamente métete dentro de mí. Lo único que quiero es sentirte dentro. Deseo sentir tu placer». Esto es una frase cifrada para: «No tienes que complacerme. Un polvo ya está bien, porque esta noche mi cuerpo no está de humor para un orgasmo».
10.	Él está dedicándole mucho tiempo a los preliminares, y ella realmente no está de humor para tener relaciones sexuales y solamente quiere sentirse cerca de él mientras él disfruta.	10.	Ella puede coger su pene erecto y ponérselo dentro, diciendo: «Echemos un polvo rápido esta noche».

Si incluyes los polvos rápidos sin sentimiento de culpa en tu vida sexual proporcionarás un inesperado respiro para ambos miembros de la pareja. Hasta que un hombre no experimenta la libertad de no sentir nunca la posibilidad de ser rechazado, no llega a saber hasta qué punto eso ha estado afectándole y refrenando sus pasiones. El uso de estas nuevas habilidades de comunicación también libera a la mujer de tener que representar o fingir un orgasmo en esas ocasiones en que ella descubre, precisamente, que no está de humor para tener un encuentro sexual.

POR QUÉ UN HOMBRE DEJA DE TOMAR LA INICIATIVA EN LOS ENCUENTROS SEXUALES

Cada vez que un hombre toma la iniciativa en la relación sexual y es rechazado, se siente un poco herido, su ego sale magullado de la intentona.

Después de haber sido encendido y rechazado una y otra vez, él se muestra vacilante a la hora de tomar la iniciativa en los encuentros sexuales, e incluso puede empezar a perder el deseo de tenerlos. Puede empezar a desear a otra mujer que aún no le haya rechazado, o simplemente puede perder el interés. En el primer caso, puede asumir erróneamente que ya no se siente atraído por su mujer.

En el segundo, puede llegar a pensar que es porque se está haciendo viejo.

Cuando un hombre se siente repetidamente rechazado en las relaciones sexuales, empieza a perder el deseo de tenerlas. Puede empezar a desear a otra mujer que aún no le haya rechazado, o puede solamente perder el interés por su pareja y por hacer el amor.

Al inicio de sus relaciones, las parejas a menudo tienen relaciones sexuales siempre que pueden. Cuando los asuntos laborales y las cuestiones domésticas vuelven a situarse en primer lugar, las relaciones sexuales disminuyen. Después, con los niños, las parejas tienen que programar su tiempo o aguardar el momento disponible y adecuado.

Cuando un hombre intenta iniciar una relación sexual y dice: «Tengamos relaciones sexuales», es bastante frecuente que la mujer, sin darse cuenta, lo rechace con alguno de los siguientes mensajes:

«Ahora mismo no puedo, he de hacer la cena.»
«Ahora mismo no puedo, tengo que contestar a una llamada.»
«No puedo, he de hacer la compra.»
«No tengo tiempo.»
«No puedo, aún tengo mucho por hacer.»
«En este momento no estoy de humor.»
«Verdaderamente no es un buen momento.»
«Tengo dolor de cabeza.»
«Ahora mismo no puedo pensar en el sexo.»
«Tengo el periodo, y me siento tensa.»

Cada vez que esto sucede, el hombre tratará de ser comprensivo, pero, emocionalmente, le resultará cada vez más difícil no sentirse rechazado y, pasado el tiempo, puede dejar de tomar la iniciativa en las relaciones sexuales. Él puede aún desear tenerlas, pero después de sentirse herido tan a menudo, se reprimirá y esperará algún signo claro de que ella está de humor.

Puede dedicar mucho tiempo a averiguar cuándo ella revela una predisposición favorable, y no deja de preguntarse: «¿Será éste un buen momento para abordarla?». Aunque él pueda no darse cuenta de ello conscientemente, cada vez que está excitado sexualmente y se reprime, acaba por sentirse más y más rechazado.

No todo es como parece

Jake y Annie llevan casados siete años. Tras los tres primeros años de matrimonio empezaron a tener problemas y buscaron ayuda. Iniciaron sus relaciones apasionadamente atraídos el uno hacia el otro, pero, pasado el tiempo la pasión desapareció. En la consulta, Annie le dijo a Jake: «Echo de menos hacer el amor contigo más a menudo. ¿Se debe a algo que haya hecho? ¿Estás enfadado conmigo?».

Jake pareció sorprendido: «Me parece que soy yo quien quiere tener siempre relaciones sexuales contigo, no tú. Muchas veces, cuando a mí me apetecen, no digo nada porque sé que no estás de humor».

Ella dijo: «¿Cómo sabes si yo estoy de humor o no, si no me lo preguntas?».

Él respondió: «Lo sé: he sido rechazado demasiadas veces».

Annie replica: «Verdaderamente eso no es justo. En ocasiones, si yo no estoy de humor, el solo hecho de que tú lo desees puede inducirme a descubrir que sí estoy predispuesta. Incluso aunque no lo esté precisamente en ese momento, eso me ayudaría a considerarlo. Verdaderamente yo valoro mucho que tú tomes la iniciativa en los encuentros sexuales».

Después de que Jake y Annie se informaran sobre las relaciones sexuales rápidas sin sentimiento de culpa, la pasión volvió a su relación.

Por qué los hombres se sienten rechazados

Cuando Annie y Jake hablaron sobre el rechazo sexual, ella no entendió fácilmente por qué él se sentía rechazado si ella no estaba de humor. Annie creyó que como ella deseaba verdaderamente hacer el amor con él habitualmente, él no debería sentirse rechazado.

Intelectualmente él estuvo de acuerdo, pero emocionalmente era diferente. Por muy diversas razones, el rechazo sexual es una de las áreas más sensibles y vulnerables del hombre.

Biológica y hormonalmente, el hombre es mucho más proclive a la sexualidad que la mujer. Es bastante natural que lo tenga en mente la mayor parte del tiempo. Debido a que el hombre lo desea tanto, se sentirá rechazado la mayoría de las veces, si no lo consigue.

Debido a que el hombre desea tanto tener relaciones sexuales, se sentirá rechazado siempre que no consiga tenerlas.

Como ya hemos comentado con anterioridad, es sobre todo a través de la excitación sexual que los hombres sienten al máximo. El corazón de un hombre empieza a expandirse cuando él está excitado. En ese momento, a punto de iniciar las relaciones sexuales se vuelve muy vulnerable y puede sentir de forma más profunda el dolor del rechazo. Si él se siente herido y rechazado por su pareja, la excitación le hará sentir de nuevo dolor. Puede excitarse y empezar a sentirse malhumorado, y no saber por qué.

Si un hombre se siente herido y rechazado por su pareja, la excitación le hará sentir de nuevo ese dolor. Puede excitarse y empezar a sentirse malhumorado, y no saber por qué.

Cuando un hombre no sabe cómo evitar el sentimiento de rechazo, eso aumenta su frustración y su dolor. Si no sabe conscientemente cómo solucionar su problema, lo que hace, para evitar ese sentimiento de rechazo, es, de forma inconsciente, dejar de sentirse atraído por su pareja. Esta pérdida de atracción no es una elección, sino una reacción automática.

En algunos casos, su atracción sexual se dirige a otra parte, a una fantasía que no le rechazará o a una mujer de quien él no tenga que preocuparse. No se arriesga a un rechazo doloroso si la mujer le trae sin cuidado. Esto explica por qué un hombre puede excitarse con una extraña, pero dejar de sentirse atraído por la mujer a quien él más ama.

A las mujeres les gusta el sexo, pero antes de que ellas puedan sentir su deseo han de satisfacer mayores exigencias que el hombre. Un hombre no entiende fácilmente esto, porque durante toda su vida ha recibido muchos mensajes de que a la mujer no le gusta el sexo. Para mantener la pasión y la atracción en una relación durante años, un hombre necesita claros mensajes de que ella disfruta sexualmente con él.

> *Para mantener la pasión y la atracción en una relación durante años, un hombre necesita mensajes claros de que ella disfruta sexualmente con él.*

Por regla general, los hombres alcanzan su apogeo sexual a los 17 o 18 años. Una mujer alcanza su mejor momento de los 36 a los 38. Esto es similar al papel que hombres y mujeres representan durante el acto sexual. El hombre se excita muy rápidamente con pocos preliminares, mientras que una mujer necesita más tiempo. En efecto, los hombres piensan que a las mujeres no les gusta el sexo tanto como a ellos.

La actitud de la madre acerca del sexo también puede influir. Si siendo un adolescente él temió que su madre se diera cuenta de su creciente interés por el sexo y las chicas, puede haber recibido el mensaje de que no es correcto querer tener relaciones sexuales. Más tarde, cuando ya es independiente y vive con una mujer que le interesa, estos sentimientos que están en el subconsciente pueden empezar a emerger como voces tenues o sentimientos evanescentes que sugieren: «No puedo mostrar excitación sexual hacia ella o seré rechazado».

Estas experiencias del pasado pueden no ser la causa directa de la pérdida de interés, pero ciertamente le hacen ser más vulnerable al sentimiento de rechazo cuando su pareja parece estar poco interesada en el sexo. Cuando ella no está de humor, inconscientemente él empieza a pensar: «Lo sé. Ella no quiere tener relaciones sexuales».

Una forma de contrarrestar esta tendencia es que la mujer le lance repetidos y sutiles mensajes de que a ella le gusta el sexo. La aceptación de relaciones sexuales rápidas ocasionales es el mensaje de ayuda más efectivo que ella le puede transmitir. Otro mensaje positivo muy poderoso es cooperar enteramente siempre que él inicie las relaciones sexuales.

La aceptación por parte de la mujer de polvos ocasionales y transmitir mensajes positivos siempre que la pareja inicie las relaciones sexuales asegura una atracción y una pasión duraderas.

POR QUÉ LOS HOMBRES SE SIENTEN RECHAZADOS INNECESARIAMENTE

Muchas veces la mujer está potencialmente predispuesta a tener relaciones sexuales, pero el hombre no se da cuenta. Él acaba sintiéndose rechazado cuando ella desearía tener verdaderamente relaciones sexuales.

A veces el hombre le hará alguna de las siguientes preguntas:

¿Te gustaría tener relaciones sexuales?
¿Quieres hacer el amor?
¿Estás de humor para hacer el amor?

Si ella responde a cualquiera de estas preguntas: «No estoy segura», o «No lo sé», generalmente él no lo entenderá o lo interpretará erróneamente como un rechazo. Él cree que ella está diciendo educadamente que no, cuando lo que está diciendo realmente es que no lo sabe. A los hombres les resulta difícil entenderlo, porque son como el Sol y no como la Luna. Cuando se le pregunta a un hombre si quiere tener relaciones sexuales, él tiene una respuesta definida. El sol ha salido o se ha puesto. Generalmente él sabe con certeza si quiere tener relaciones sexuales o no.

Cuando una mujer está insegura sobre querer tener o no relaciones sexuales, esto significa que necesita un poco de tiempo, de atención y de charla para darse cuenta. Con este nuevo conocimiento, un hombre puede superar fácilmente su tendencia a sentirse rechazado inmediatamente y abandonar su acoso.

¿HAY UNA PARTE DE TI QUE QUIERE TENER RELACIONES?

Cuando la pareja de un hombre se muestra dudosa respecto a la posibilidad de tener relaciones sexuales, él, en vez de abandonar, debería decir: «¿Hay una parte de ti que quiera tener relaciones sexuales conmigo?».

Ella dirá casi siempre que sí. Él se sorprenderá al ver cómo ella responde con rapidez. «Desde luego, una parte de mí siempre quiere hacer el amor contigo». Eso será música celestial para sus oídos.

Sin embargo, a continuación, ella puede empezar a hablar de todas las razones por las que no quiere tener relaciones sexuales. Podría decir: «No sé si tenemos tiempo suficiente. Aún tengo que hacer la colada y algunos recados». O bien podría decir esto otro: «No estoy segura de cómo me siento. Tengo muchas cosas en la cabeza en este momento. Creo que debería dedicar el tiempo a acabar este proyecto».

Si ella continúa hablando, él debería entender que esto no significa que se niegue. Ella solamente necesita hablar, poner las cosas en orden, y así poder reconocer su deseo. Una vez haya compartido sus razones de por qué no está predispuesta para el sexo, cambiará y dirá: «Hagámoslo».

Si no entiende que una mujer es diferente, un hombre puede perder la excitación sexual mientras ella está hablando de las razones por las que no sabe si quiere o no tener relaciones. Pero con tal de que él oiga que una parte de ella quiere hacer el amor, le será mucho más fácil escuchar las razones por las que no quiere hacerlo. Incluso si finalmente ella descubre que no quiere tener relaciones sexuales, puede decir: «Podríamos echar un polvo rápido si tú quieres, y dentro de poco podríamos tener una relación sexual más relajada».

Una mujer podría utilizar también esta sugerencia. Cuando un hombre quiere tener relaciones sexuales y ella no está segura, puede facilitarle las cosas para descubrir conjuntamente lo que a ella le gustaría.

Tomemos un ejemplo:

Él dice: «¿Te gustaría tener relaciones sexuales?».

Ella dice: «Una parte de mí lo desea, pero no estoy segura. Aún tengo que hacer la compra y hacer algunos recados. Aún no...», etcétera.

Si la mujer le deja saber a él la parte de ella que quiere tener relaciones en primer lugar, él se siente más inclinado a escuchar y a aceptar las otras razones por las que ella no está predispuesta para el sexo.

¿Esto es follar o hacer el amor?

Otra forma de que el hombre pueda recibir el mensaje de que a su pareja no le gusta el sexo es si ella nunca usa la palabra «follar». Eric dijo: «Recuerdo que en una de mis relaciones, mi pareja rehusaba utilizar la palabra follar. Ella quería llamarlo hacer el amor. Cuando yo lo llamaba "follar", ella decía que no le apetecía y empezaba una leve discusión. Ella, incluso, no quería que utilizara la palabra. Yo podía entender que le gustase más el término "hacer el amor", pero yo me sentía avergonzado por ella. Ciertamente, mi corazón y mi mente querían hacer el amor, pero mi cuerpo quería follar. Después de un tiempo perdí el interés sexual hacia ella. Finalmente, rompimos». Estas pequeñas diferencias semánticas crean, a la larga, grandes problemas.

Cuando Eric empezó a salir en serio con Trish, se dio cuenta de que ella a menudo también usaba el término «hacer el amor» en vez de «follar». Después de haber tenido alguna experiencia con esto, decidió aclarar las cosas desde el principio.

Eric le dijo a Trish que a él verdaderamente le gustaba llamar follar a follar. También le dijo que entendía que a ella le gustase el término «hacer el amor». Hicieron un pacto que consistía en que a ella no le importaría que él usase la palabra «follar» con tal de que cuando ellos follaran «harían el amor», queriendo decir con esto que follar era amarse siempre.

Eric estuvo de acuerdo con que Trish usase el término «hacer el amor» ocasionalmente, pero él valoraba mucho cuando ella se refería a eso mismo con la palabra follar. Desde que hicieron su pacto, Eric se siente seguro de que ella está completamente de acuerdo cuando él utiliza la palabra follar.

Eric dijo: «Si yo tuviera que decir "hacer el amor" en vez de "follar", me sentiría como si estuviese tratando de engañarla de alguna manera, o como si tuviera que esconder que quiero follar». Precisamente esta pequeña diferencia en la forma de referirse al sexo mejoró su relación sexual.

Palabras cifradas para el sexo

Para muchas parejas la palabra sexo tiene ciertas connotaciones negativas o desagradables. Si usar la palabra sexo no te resulta cómodo, puedes crear un código secreto de frases. Incluso resultándote cómoda la palabra sexo, podría gustarte hacerlo de todas formas, para divertirte.

Una pareja me mostró sus frases codificadas en una entrevista. Para ellos la palabra «navegar» significaba sexo. Algunas veces cuando el marido iniciaba las relaciones sexuales, le decía: «Es un día soleado. ¿Te gustaría navegar?».

Cuando era ella la que tomaba la iniciativa, decía: «El tiempo parece realmente bueno hoy. Quizá deberíamos salir...» y él añadía: «a navegar». Ambos sonreían y ya estaban preparados para tener un buen día.

Si «navegar» es tu palabra codificada, entonces para una larga jornada dedicada al sexo de *gourmet*, tú podrías decir: «¿Qué te parece hacer un largo crucero?».

Cuando él inicia las relaciones sexuales y ella no está de humor, podría sugerir un polvo rápido diciendo: «En vez de dedicarnos a navegar usemos la lancha rápida». Ser creativos. ¿Ves que palabras codificadas tan divertidas puedes compartir?

Los medios de comunicación tienen una gran responsabilidad en que los hombres sean tan sensibles al rechazo. Un hombre moderno es proclive a sentirse rechazado sexualmente porque cada día es bombardeado con anuncios en los medios de comunicación, en los que se presentan a mujeres sexualmente seductoras cuyos cuerpos están diciendo: «Sí, te quiero. Estoy preparada para ti. Suspiro por ti. Soy tuya. Quiero sexo y más sexo. Ven y me conseguirás».

Aunque este mensaje es muy excitante para un hombre, cuando está atrapado en su mundo de fantasía, o cuando está en el mundo real pensando en su fantasía, él acaba sintiéndose como si fuese el único que no tiene unas relaciones sexuales tórridas y apasionadas. Incluso si tiene una relación, puede creer que algo no funciona cuando su pareja sexual no se muestra predispuesta. La hierba al otro lado de la pantalla, definitivamente, parece más verde.

Un hombre no se da cuenta de que una mujer realmente quiere tener relaciones sexuales, pero es que ella, algunas veces, antes de sentir sus deseos, necesita una ayuda emocional. Cuando ella no quiere tener relaciones sexuales tan a menudo como él, éste empieza a sentirse como si tuviera que saltar a través de una aro para conseguir su propósito. Se cree en desventaja porque ella no las desea tanto como él.

Sin embargo, ella quiere tenerlas pero necesita sentirse enamorada y querida antes de que sus necesidades sexuales sean tan fuertes como las de él. A veces despertar sus deseos sexuales puede ser tan simple como regalarle un ramo de flores o limpiar la cocina. (¡No os riáis, hombres; en mis seminarios las mujeres siempre aplaudían a rabiar en este punto!)

Un hombre no se da cuenta de que una mujer realmente quiere tener relaciones sexuales, ya que ella, algunas veces, antes de que sienta sus propios deseos, necesita la ayuda emocional de él.

La ironía de los tiempos modernos es que el sexo está presente en todas partes, pero yo oigo cada vez más a menudo que las mujeres se quejan de que sus maridos no están interesados en el sexo. Cuanto más sexo ven los hombres, más rechazados empiezan a sentirse en casa, y muchos de ellos dejan de sentir atracción hacia sus parejas. Un hombre deja de sentirse atraído por su pareja no porque ella no esté a la altura de los cuerpos femeninos de pechos de silicona que ellos ven en la televisión o en las revistas, sino porque se siente sexualmente rechazado y frustrado.

Es de vital importancia para la mujer entender que no son los cuerpos los que fundamentalmente atraen a los hombres, sino el mensaje de que esas mujeres están absolutamente abiertas a tener relaciones sexuales. Para mantener la atracción de un hombre, la mujer no necesita competir con las mujeres de fantasía de los medios de comunicación, ni esforzarse por conseguir un cuerpo perfecto, sino adiestrarse para emitir mensajes positivos y que no manifiesten rechazo respecto al sexo.

Para mantener la atracción de un hombre, la mujer no necesita competir con las mujeres de fantasía de los medios de comunicación, ni esforzarse por conseguir un cuerpo perfecto, sino adiestrarse para emitir mensajes positivos y que no manifiesten rechazo respecto al sexo.

POR QUÉ EL HOMBRE SE SIENTE EN DESVENTAJA

Sin este conocimiento de las diferencias entre las necesidades sexuales del hombre y de la mujer, un hombre se siente en desventaja. Él quiere tener relaciones sexuales, pero cree que ha de convencer a la mujer para que también las desee.

El hombre no se da cuenta de que ella tiene una desventaja similar. Las mujeres anhelan intimidad y una buena comunicación, y a los hombres esto no parece interesarles en absoluto. Una mujer puede entender mejor la sensibilidad sexual de un hombre comparándola con la que ella tiene acerca de los sentimientos, la comunicación y la intimidad.

Una mujer puede entender mejor la sensibilidad sexual de un hombre comparándola con la suya propia acerca de los sentimientos, la comunicación y la intimidad.

Es una experiencia dolorosa la de necesitar hablar y sentirse repetidamente rechazada. Las mujeres pueden relacionarlo rápidamente con su sensibilidad. Sin un entendimiento de las diferencias entre hombres y mujeres y el uso de técnicas avanzadas para crear una mejor comunicación, el repliegue emocional en su interior puede ser doloroso para ella. Después de un cierto tiempo, ella no siente la necesidad de abrirse a él y de compartir su vida.

Precisamente, de la misma manera que una mujer puede aplicar nuevas habilidades para sacar a su pareja de la cueva (ver mi libro *Lo que tu madre no te dijo y tu padre no sabía*), un hombre puede aplicar nuevas técnicas para que una mujer se abra al sexo. Cuando nosotros entendemos nuestras diferencias, nos damos cuenta de que no estamos tratando de convencer a nuestras parejas para que nos quieran más o tengan relaciones sexuales con nosotros en nuestros términos sino que estamos apoyando a nuestras parejas mediante técnicas avanzadas. Teniendo la inmensa suerte de amarlos, les permitimos que nos den el amor que necesitamos.

Sin estas técnicas, después de tres o cuatro años las parejas automáticamente pierden la fuerte atracción física que sentían al principio. En el próximo capítulo exploraremos por qué las parejas tienen menos relaciones sexuales.

7

Por qué las parejas practican cada vez menos el sexo

Las parejas tienen, hoy en día, menos relaciones sexuales de lo que los medios de comunicación sugieren. Muchos hombres y mujeres deseosos andan por ahí queriendo tener relaciones sexuales; pero una vez se han casado, a los pocos años, otras cosas empiezan a ser más importantes y el sexo es relegado.

La principal razón para esta pérdida de interés es que los hombres se sienten rechazados y las mujeres no se sienten amadas ni comprendidas en su relación. Una mujer no se da cuenta instintivamente de lo sensible que es un hombre cuando ella no está predispuesta al sexo. Un hombre, instintivamente, no se da cuenta de lo mucho que una mujer necesita sentirse amada y tener una buena comunicación para abrirse y sentirse predispuesta.

> *La principal razón para la pérdida de interés es que los hombres se sienten rechazados y las mujeres no se sienten amadas y comprendidas en la relación.*

Para que un hombre no se sienta rechazado, debe crearse una comunicación libre, fácil y positiva acerca del sexo. Cuando un hombre recibe repetidamente el mensaje de que su pareja desea tener relaciones sexuales con él, su deseo sexual puede permanecer fuerte y saludable.

> *Cuando un hombre repetidamente recibe el mensaje de que su pareja desea tener relaciones sexuales con él, su deseo sexual puede permanecer fuerte y saludable.*

Cuando una mujer siente que un hombre es hábil con respecto al sexo y le apoya en su relación, su deseo sexual puede permanecer fresco. La buena comunicación y el apoyo cariñoso en la relación son, sin embargo, factores muy importantes para la mujer. Para un hombre, una buena comunicación es ciertamente importante; pero muchas veces lo que marca la gran diferencia es tener éxito sexualmente con ella.

Cuando una mujer siente que un hombre es hábil con el sexo y la apoya en su relación, su deseo sexual puede permanecer fresco.

INICIAR EL ENCUENTRO SEXUAL O CONVERSAR

Cuando un hombre está seguro de los sentimientos positivos de su pareja acerca del sexo, él mantendrá la iniciativa en las relaciones sexuales. Si él siente que es repetidamente rechazado o que tiene que convencerla para tener relaciones sexuales, dejará de tomar la iniciativa. Finalmente, llegará a estar pasivo y poco, o nada, interesado en el sexo.

Para que la pasión de un hombre crezca, necesita sentirse libre para iniciar las relaciones sexuales. Precisamente, de la misma forma que una mujer necesita sentir que su pareja escuchará sus sentimientos de forma positiva, sin rechazarla, un hombre necesita sentir que puede iniciar la relación sexual sin ser rechazado.

Cuando un hombre no está predispuesto para la conversación debe decirlo elegantemente, de la siguiente forma: «Quiero comprender tus sentimientos, pero primero necesito estar a solas un rato, y después, si quieres, podemos hablar». Cuando un hombre se esfuerza en mostrar que está interesado en los sentimientos de su pareja y se preocupa de volver a iniciar la conversación, ella se siente amada.

De forma similar, cuando una mujer no está predispuesta para el encuentro sexual, pero se cuida de hacerle saber que desea tener relaciones sexuales con él, un hombre se siente amado. Cuando una mujer no está predispuesta, un hombre necesita oír que ella volverá pronto, dispuesta y feliz, a tener relaciones sexuales con él.

Con este conocimiento, una mujer automáticamente llega a ser más receptiva a su sensibilidad, y a estar más motivada para encontrar vías en las que él se sienta libre para iniciar las relaciones sexuales. Precisamente, del mismo modo que una buena comunicación franquea el camino para que la mujer disfrute de unas relaciones sexuales espléndidas, la posibilidad de una buena relación ayuda directamente al hombre a ser más cariñoso en la relación con su pareja.

Precisamente, del mismo modo que una buena comunicación franquea el camino para que la mujer disfrute de unas relaciones sexuales espléndidas, la posibilidad de una buena relación ayuda directamente al hombre a ser más cariñoso en la relación con su pareja.

Cuando una mujer quiere más sexo

Cuando un hombre no toma la iniciativa en las relaciones sexuales porque podría sentirse herido por el rechazo, debe esperar a que lo haga ella. Si piensa que siempre tiene que esperar a que su pareja la tome, puede ocurrir que, finalmente, pierda el deseo y no sepa ni siquiera por qué. Cuando esto sucede, el péndulo oscila peligrosamente hacia el otro lado, e incluso acaba deseando menos relaciones sexuales que ella. Es bastante común que el hombre llegue a temer a una mujer de este tipo.

Entonces ella empieza a echar de menos el sexo y a desearlo más. Sin embargo, cuanto más lo desea ella, menos parece desearlo él. Su mayor deseo se acaba transformando en un mensaje de que él no está a su altura y, lógicamente, cualquier mínimo deseo que aún albergue el hombre acaba desapareciendo.

El sexo es una delicada balanza, y los hombres son más vulnerables que las mujeres frente a un desequilibrio. Si un hombre desea tener más relaciones sexuales que su pareja y puede persistir pacientemente en iniciar las relaciones sexuales de forma respetuosa, poco a poco atraerá a su mujer y la enamorará perdidamente, y de forma automática ella querrá tener relaciones sexuales.

Cuando una mujer quiere, constantemente, tener más relaciones sexuales que él y expresa sus sentimientos contrariados al respecto, un hombre puede empezar a perder realmente el deseo sexual. Empieza a sentirse como si él estuviera obligado a tener relaciones sexuales y a tener que cumplir por obligación.

Las mujeres ya saben que la presión de tener que cumplir puede entorpecer la misma excitación. Con los hombres, el efecto de la presión de tener que cumplir se multiplica por diez.

Un hombre no puede, como una mujer, fingir su excitación. Si su miembro no llega a ponerse duro y erecto, está claro que no podrá penetrarla. Una mujer puede esconder fácilmente su falta de excitación y simular que todo funciona bien. Un hombre sencillamente es que no puede.

Esta sensibilidad aumentada hace que la presión sea mayor para el hombre. Esta mayor presión puede apartarle inmediatamente de conseguir llegar a la excitación. Si él siente que tiene que cumplir y llegar a la erección, nada —y quiero decir «nada»— sucederá.

Un hombre no puede fingir su excitación como puede hacerlo una mujer, pero siente más fuertemente la presión de tener que cumplir.

LO QUE ELLA PUEDE HACER CUANDO ÉL NO ESTÁ DE HUMOR

Muchas parejas abandonan precisamente en este punto. La mujer percibe el bochorno que él siente y da marcha atrás.

No sabe qué hacer. Si habla sobre ello, él se siente censurado, y si ella se insinúa sexualmente, él se siente cansado o no está de humor para hacerlo.

Por suerte, hay soluciones para este problema. Precisamente, de la misma manera que un hombre puede compartir con su pareja un polvo rápido cuando ella no está de humor para el sexo, una mujer puede aplicar ciertas técnicas cuando su pareja no está predispuesta favorablemente para hacerlo.

Precisamente, de la misma manera que un hombre puede compartir un polvo rápido con su pareja cuando ella no está de humor para el sexo, una mujer puede aplicar ciertas técnicas cuando su pareja no está predispuesta favorablemente para hacerlo.

En un momento preciso de su relación, David y Sue se percataron de que ella empezaba a querer tener relaciones sexuales muchas más veces que él. Sue estaba frecuentemente predispuesta, y David respondía felizmente cuando ella tomaba la iniciativa. Durante varias semanas todo funcionó a la perfección. Tenían relaciones sexuales varias veces a la semana, y en ocasiones dos veces al día. Finalmente, sin embargo, David empezó a cansarse. Era una nueva experiencia para él. Nunca había pensado que una mujer quisiera hacerlo mucho más que un hombre.

Al principio, David no quería decir que no y seguía adelante, y lo hacía aunque no le apeteciera. No fue una buena idea, desde luego. Enseguida empezó a sentir la presión de que tenía que cumplir. El sexo dejó de ser divertido. Fue un tipo de deber u obligación, y era algo que no le dejaba sentirse bien. Para evitar sentirse de ese modo, decidió que tendría que decirle que no, aunque sin rechazar a Sue o herir sus sentimientos. Cuando una tarde llegó del trabajo a casa, ella se arrimó a él en el sofá mientras David estaba viendo las noticias. Al cabo de unos minutos, ella empezó suavemente a acariciar sus muslos.

Tratando de no ser brusco, él puso su mano sobre la de ella para detener sus movimientos y dijo: «Estoy muy cansado esta noche. Verdaderamente necesito ver las noticias». Entonces, esperando que no sonara demasiado a rechazo, añadió, sin pensarlo: «¿Por qué no subes, empiezas y luego me uno a ti, más tarde?».

David continuó viendo la televisión y, sin darse cuenta, se olvidó completamente de su proposición. Estaba cansado y a punto de quedarse dormido cuando, cuarenta y cinco minutos más tarde, oyó una vocecita desde arriba que decía: «David, estoy preparada».

Fue como un milagro. De pronto despertó de cintura para abajo. Dijo: «Subo enseguida».

Cuando se metió en la cama, Sue ya estaba preparada para un orgasmo, porque ella había dedicado los últimos cuarenta y cinco minutos a excitarse más y más, fantaseando con que David haría el amor con ella mientras se preocupaba de satisfacerse a sí misma. No fue sorprendente que después de unos dos minutos de penetración, ella tuviera un orgasmo. Unos segundos más tarde, él llegó al suyo. Sue se sentía feliz, después de haber conseguido la relación sexual que quería, y fue una experiencia maravillosa para David, incluso mejor que un polvo rápido, porque él no tuvo que cumplir de ninguna de las maneras, y todavía le hizo los honores a ella y le proporcionó un orgasmo.

Asumir la responsabilidad de nuestro propio placer

En vez de ofenderse porque David no estuviese de humor, Sue asumió la responsabilidad de satisfacerse a sí misma. Este sentido de la responsabilidad es muy saludable. Lo ideal sería que en todas las áreas de una relación no hiciéramos a nuestras parejas responsables de la propia infelicidad; pero con el sexo es muy difícil satisfacer nuestras necesidades sin traicionar a nuestras parejas. Por eso es por lo que la masturbación es tan importante.

La creatividad de Sue la liberó de un sentimiento de dependencia con respecto a David cuando él no podía actuar del modo que ella hubiera preferido. Pero ella sacó provecho de la situación, se metió en la cama y le imaginó haciendo el amor con ella.

Se tomó mucho tiempo para acariciarse y masturbarse de una forma sensual; lentamente desarrolló su tensión sexual para que cuando él la penetrara ella estuviese a punto de tener un orgasmo.

Después, él dijo que se había divertido mucho y que otra vez que él no estuviera de humor, éste sería un modo estupendo de excitarlo. Esta breve conversación le permitió ser mucho más libre en su expresión sexual y también le dio la seguridad de que ella podría tener relaciones sexuales siempre que quisiera.

Si un hombre está cansado y no está de humor para tener relaciones sexuales, y ella actúa como si todo funcionase, él realmente apreciará su aprobación. De otro modo, él podría sentir el peso de la presión de tener que cumplir. Si ella quiere tener un orgasmo y él no está de humor, ya que está cayéndose de sueño o se encuentra muy cansado, ella puede, según hemos visto, meterse en la cama y empezar a tocarse sensualmente y masturbarse. Después de unos veinte minutos, una vez se haya excitado, puede, suave pero firmemente, frotarse contra él. Cuando sienta su vagina húmeda presionándole, él puede moverse, entonces, para hacer los honores. De esta forma ambos serán felices. Ella nunca quiere sentirse como si no pudiese conseguir la satisfacción sexual que va buscando. Por esto es mejor que se masturbe cuando él esté cerca, en vez de hacerlo cuando se encuentre sola.

Si su pareja viaja mucho, la mujer ocasionalmente puede masturbarse mientras él esté fuera. Sabiendo que ella no puede esperar, él podría sentirse más excitado. Quizás hasta acortaría sus viajes.

Recomiendo fervientemente que las parejas se comuniquen cuándo se están masturbando, para darse la oportunidad de hacerlo juntos.

Las parejas deben comunicarse cuando se están masturbando, para darse la oportunidad de hacerlo juntos.

A menudo, cuando una pareja deja de tener relaciones sexuales, es muy difícil reanudarlas. La interrupción podría deberse a una enfermedad, una riña o un periodo de trabajo particularmente estresante; pero después de que una pareja pierda el ritmo de las relaciones sexuales, les puede costar mucho tiempo volver de nuevo al mismo orden de cosas. Puede ser difícil empezar otra vez cuando se ha dejado de tener relaciones sexuales durante mucho tiempo. Si se usan técnicas avanzadas no será difícil retomar el viejo ritmo.

Jim había estado sin trabajar varios meses y estaba bastante deprimido. Julie, su mujer, de 30 años, se sentía frustrada no solamente porque él estuviera encerrado en casa todo el tiempo, sino también porque no tenían relaciones sexuales. Comprendiendo su necesidad de espacio, se impuso ser muy paciente. Finalmente, él consiguió un trabajo y empezó a sentirse mucho mejor. La situación cambió, pero seguían sin tener relaciones sexuales.

Les hice una nueva propuesta para que las iniciaran de nuevo. Les recomendé que cuando ella quisiera tener relaciones sexuales le dijese a él algo de este estilo: «Hoy, me he excitado sexualmente, pero veo que tú estás muy cansado. Me parece bien que no quieras hacerlo, pero he pensado que podría masturbarme pensando en ti. Cuando esté a punto de llegar al orgasmo, sería para mí muy agradable que te unieras a mí. Si no te apetece, también me parecerá bien».

Al día siguiente, Julie me llamó y me dejó un mensaje feliz en mi contestador. Después de darme las gracias, me dijo que el nuevo planteamiento había funcionado como un hechizo. Jim también estaba muy agradecido. Algunas veces se necesita una buena experiencia para volver a poner al hombre en su sitio. No hay nada tan afrodisíaco como el propio sexo. Cuanto más fáciles son las relaciones sexuales, más las deseas tener.

Otro secreto para ayudar a un hombre a cambiar de rumbo, a pasar de no estar interesado en el sexo a excitarse sexualmente, consiste en que una mujer sea clara pero indirecta en su acercamiento. Una vez que hayas preguntado a un hombre si quiere tener relaciones sexuales y haya dicho que no, es muy difícil para él cambiar de opinión. Como ya hemos explicado, para una mujer es justamente al contrario. Cuando se le da a ella una oportunidad de decir no y hablar sobre sus sentimientos, puede empezar a sentirse excitada y descubrir que ha cambiado de opinión y que desea tener relaciones sexuales.

Los hombres tienden a ser diferentes. Una vez que un hombre dice verbalmente que no quiere tener relaciones sexuales, hasta cierto punto eso es como si quedara grabado en mármol. Si ella persiste en sus intentos de llevar la iniciativa, él se siente controlado y presionado por tener que cumplir a toda costa.

Una vez que el hombre dice que no quiere tener relaciones sexuales, hasta cierto punto ello es como si quedara grabado en mármol. Si ella persiste en sus intentos de iniciarlas, él se sentirá controlado y presionado por tener que cumplir a toda costa.

Sin embargo, si ella inicia las relaciones de una forma indirecta, él tiene tiempo para superar silenciosamente cualquier resistencia a tener relaciones sexuales, y lo más probable es que llegue a excitarse. Para iniciar las relaciones sexuales, una mujer puede desarrollar diferentes estrategias sexuales. Incluso si él está de humor y no tiene tiempo para llegar a excitarse de forma gradual, seguirá apreciando esas señales inequívocas, porque le facilitarán tomar la iniciativa en las relaciones sexuales.

Aunque esas señales inequívocas son muy personales y pueden variar de una mujer a otra, aquí van algunas sugerencias para que las mujeres las puedan practicar, particularmente a través de lo que ellas se ponen para ir a la cama. Las interpretaciones que doy parecen ser ciertas para muchas mujeres, pero, desde luego, cada persona es única y especial.

Encaje negro o ligas

Un sugerente juego de ropa interior de seda negra significa que ella sabe lo que quiere, y lo que quiere es un encuentro sexual intenso, cálido y vigoroso; no sólo quiere tener relaciones sexuales, sino que está deseosa.

Satén blanco

Cuando ella se pone un conjunto de satén blanco, quiere expresar que le gustaría una relación sexual sensual, suave y cariñosa. Es como si fuese virgen y quisiera que él fuese lento y tiernamente afectuoso con ella.

O de seda rosa o de encaje

Cuando ella lleva seda de color rosa o encaje, está preparada para entregarse al sexo como una expresión romántica de amorosa vulnerabilidad y, finalmente, de salvaje abandono. Quiere sentir su fuerza y abandonarse a su amor. Hay una pasión más profunda dentro de ella esperando ser despertada para incendiarse con el deseo de él y su devoción por ella.

Perfumes sensuales y olores exóticos

Cuando ella usa ciertos perfumes, puede querer ser olida y saboreada de una forma sensual. Para muchos hombres, los perfumes sensuales y los olores exóticos hacen la relación más lasciva. Él debe tener cuidado en controlar sus pasiones y conducirse lentamente en el encuentro sexual, saboreando cada fase, haciendo pausas estratégicas y repitiendo acciones previas antes de pasar a la siguiente fase de estimulación y al placer de ella.

Sujetador y bragas negros

Cuando ella lleva sujetador y bragas negros, quiere ser seductora, excitante y más agresiva de lo que habitualmente es. Aunque empiece fuerte, internamente quiere que él baile con ella, para acabar al final encima de ella, controlando sus pasiones hasta que le deje seguir y abandonarse a su deseo.

Un camisón corto y amplio, sin bragas

Cuando ella lleva una camiseta de algodón de manga corta y braguitas a juego, o un camisón corto y amplio, sin bragas, puede significar que no necesita grandes preliminares esa noche y que puede estar de humor para un orgasmo. Quizá lo que quiere es, precisamente, sentirlo moviéndose dentro de ella a través de un orgasmo y le bastará sólo con sentir su orgasmo dentro de ella.

Meterse en la cama desnuda

Cuando se mete desnuda en la cama, así que él inicia las relaciones sexuales, ella está abierta para descubrir qué tipo de relaciones sexuales le apetecen, o sencillamente para cualquier cosa que pueda suceder.

Pendientes y joyas

Cuando lleva pendientes y otras joyas para ir a la cama, es un signo de que se siente bella y quiere ser adorada con muchísimos besos. Esto puede significar que quiere unas relaciones sexuales lentas y sensuales. Él debería acordarse de expresarle verbalmente y muchas veces lo bella que es.

Prendas viejas

¡Cuando lleva prendas viejas, es que no está de humor! Es un momento particularmente bueno para caricias. Él puede acercarse y ser físicamente afectuoso y cariñoso sin llegar a excitarse sexualmente.

VESTIRSE PARA TENER RELACIONES SEXUALES

Mediante la manifestación de sus apetencias sexuales y sus estados de humor a través de su vestuario, una mujer ayuda muchísimo a un hombre a que se sienta sexualmente querido y apreciado. Los mensajes que hemos enumerado no son exactos, ciertamente, para todas las mujeres, pero proporcionan un punto de referencia para que los hombres empiecen a comprender las señales sexuales de las mujeres. Estos ejemplos pueden también ayudar a las mujeres para que lleguen a ser más conscientes de la importancia de la ropa en las relaciones sexuales, en el sentido de que esto sea algo placentero para él, pero también placentero y confortable para ella.

Personalmente, llegué a percatarme mejor de los mensajes que mi mujer me estaba enviando, a través de la forma como se vestía para ir a la cama, después de cierto incidente. Un día, después de mostrarme afectuoso con ella en la cama, Bonnie se levantó, diciendo que quería cambiarse. Cuando entró en el vestidor, yo dije: «¿Para qué diablos quieres cambiarte, si voy a quitártelo?». Ella respondió con una sonrisa: «Sí, pero quiero que me quites el juego adecuado. Éste que llevo puesto no expresa cómo me siento hoy». Desde aquel día, comencé a ser más observador, a fijarme en lo que ella llevaba y cómo eso expresaba sus sentimientos y deseos sexuales.

MÁS SIGNOS SEXUALES

Hay muchos más mensajes a través de los cuales una mujer puede indicar a un hombre que está predispuesta para tener relaciones sexuales sin ser demasiado directa. Examinaremos unos pocos ejemplos que muestran cómo algunas mujeres hacen llegar a sus maridos un mensaje claro pero indirecto de cuándo están de humor y predispuestas para el sexo.

Algunos de estos mensajes pueden funcionar para ti, mientras que otros no te servirán de nada. Pero pueden darte ideas para crear tus propios mensajes.

Baños relajantes

Mary toma un baño largo para hacer saber a su pareja, Bill, que está de humor. Se lleva el CD portátil y pone la música que mejor se ajusta a su estado de ánimo. La música suave y tierna indica que se desea una relación exactamente igual: sensual y cariñosa. Rock duro significa que está de humor para una relación sexual intensa. Música con un ritmo muy marcado de batería significa que se siente realmente cachonda, y quiere que la relación sexual dure mucho tiempo.

Velas

Susan enciende una vela junto a la cama o algo de incienso cuando quiere indicarle a su pareja que está dispuesta. Raquel enciende unas velas durante la cena.

Chocolate

Cuando Sharon le pide a Tim que le compre una barra de chocolate en el cine, él se dice: «Esta noche es la noche». Su mujer tiende a ansiar el chocolate en aquellos momentos en que su cuerpo está deseando un gran orgasmo.

Encender la chimenea

Cuando está de humor, Carol enciende el fuego de la chimenea de su habitación o le pide a su marido que se lo encienda. Cuando él lo está preparando, ella se sienta, lo mira y claramente le hace saber lo mucho que le gustaría que le dedicara todo su tiempo.

Esperar despierta

Normalmente, cuando Grant llega a casa tarde después de un viaje, Theresa ya está en la cama. Algunas veces, sin embargo, está esperándole despierta, leyendo. Si cuando Grant llega a casa y ella deja el libro al entrar él en el dormitorio, sabe que ella está de excelente humor para hacerlo.

Preparar su cena favorita

Karen, cuando está de humor para tener relaciones, le prepara a su marido su cena favorita, salmón con puré de patatas.

Pistachos

Después de una conversación en la que Tom le dijo a Joyce que los pistachos le hacían el efecto de un afrodisíaco, Joyce le hace saber que está de humor trayéndole a casa pistachos frescos del mercado. Algunas veces ella suele dejarlos precisamente sobre la mesa a una hora temprana. Eso le da a él mucho tiempo para excitarse pensando en el rato que pasarán.

Vinos especiales

Margaret sirve un vino que a ella y a su marido realmente les gusta mucho. Algunas veces le pide a él que compre una botella de ese vino al volver a casa después del trabajo.

Acurrucarse

Cuando Cheryl se arrima amorosamente a su marido mientras ellos pasean, él recibe un mensaje claro de que ella está deseando hacerlo.

Tres besos

Si Maggy está de humor, en lugar de darle un beso a su marido como saludo, le dará dos más. Tres leves besos seguidos y él empieza a sentir el estremecimiento de que ella está de humor.

Masaje de pies

Evelyn le pide a su marido que le dé un masaje en los pies cuando está predispuesta. Leslie hace lo mismo ofreciéndose a darle un masaje en los pies a su pareja. Ambos acercamientos funcionan.

Alzar la bandera

Mi ejemplo preferido de indicadores sexuales proviene de una película que vi sobre una familia mongol. Cuando la mujer estaba predispuesta a tener relaciones sexuales, sacaba una bandera. Cuando su marido llegaba a casa, veía la bandera y se daba cuenta de que ella estaba de humor. Entonces corría para conseguir la bandera y el aro, mientras ella se subía a su caballo y se alejaba. Él, a su vez, montaba después en el suyo y la perseguía hasta cazarla con el aro. Luego la bajaba del caballo y luchaba con ella. Después tenían relaciones sexuales. Este breve ritual se hacía para tener un encuentro sexual apasionado. Con su indirecta pero clara permisividad, él la cazaba y la tomaba. Aunque claramente bajo control, ella podía sentir como si estuviera siendo perseguida y finalmente podía abandonarse a sí misma en la pasión sexual y el éxtasis.

Posicionarse para el encuentro sexual

Incluso el lugar donde una mujer se desviste y se prepara para ir a la cama puede ser una señal inequívoca. Si se desviste discretamente en el vestidor, generalmente no está de humor. Pero si deja su camisón en el lado de él y se desviste ahí mismo para que él pueda verla claramente, esto puede ser un mensaje definitivo de que está de humor.

Cuando una mujer se desnuda delante de un hombre para

tener relaciones sexuales, puede obtener o no una respuesta. Si él no está de humor, ella está predisponiéndolo con éxito para la excitación sexual la próxima vez.

Si él está cansado, en lugar de decir: «No estoy de humor» (lo que puede ser desagradable para muchos hombres), puede meter su cabeza bajo la almohada y dejar de mirar, diciendo: «¡Ah, qué delicia estar en la cama! ¡Estoy tan cansado!». Eso es un mensaje clarísimo.

Ella está excusada de ser directamente rechazada, y él lo está de tener que decir que no quiere tener relaciones sexuales. Lo último que él quiere es ser interrogado con una retahíla de preguntas que expresen las inquietudes de ella.

Cuando las preguntas inhiben

Preguntar a un hombre una retahíla de cuestiones sobre por qué no está de humor para hacerlo, no sólo consigue inhibirlo de inmediato, sino que puede impedir que vuelva a estarlo en el futuro. Estas son algunas de las preguntas que nunca se le deben hacer en caso de que no responda a las incitaciones sexuales:

«¿Qué va mal?»

«¿No quieres volver a tener relaciones sexuales conmigo nunca más?»

«¿No eras tú quien siempre quería tener relaciones sexuales?»

«¿Crees que estoy engordando?»

«¿Sigo siendo atractiva para ti?»

«¿No te excito?»

«¿Me sigues queriendo?»

«¿No crees que deberíamos hablar sobre esto?»

«¿No nos convendría buscar alguna ayuda?»

«¿Volveremos a tener relaciones sexuales otra vez?»

«¿Has estado con otra mujer esta noche? ¿No quieres estar conmigo nunca más?»

«¿Preferirías estar con otra?»

«¿He hecho algo que te haya inhibido?»
«¿Por qué no quieres que follemos?»
«¿Qué ocurre, algo va mal?»

Ciertamente habrá momentos más apropiados en los que la mujer pueda hacer estas preguntas; pero no aquellos en los que ella acaba de desnudarse ante él y el hombre está cansado y la está rechazando. En vez de eso, debería actuar en ese especialísimo instante como si todo funcionase a la perfección. No es el momento para que ella busque una respuesta tranquilizadora. Siendo natural e indirecta, ella puede lanzar un mensaje no coercitivo de que le aceptaría si él estuviese, por casualidad, de humor para ello.

Si él no lo está, ella puede irse a la cama sabiendo que tendrán relaciones sexuales pronto. Sin embargo, si ella está muy predispuesta para el sexo, siempre puede masturbarse. Es muy importante que un hombre apoye la necesidad de masturbarse de una mujer para que ésta nunca se sienta privada de tener un orgasmo si su cuerpo, por casualidad, lo necesita cuando él no está de humor para deparárselo.

Este entendimiento mutuo funciona como un encantamiento. Si él sabe que su pareja acepta que se una en cualquier momento o, simplemente, que se vaya a dormir, tenderá a esperar hasta que ella esté casi a punto de tener su orgasmo y entonces se unirá a la fiesta. Este método funciona porque no hay presión sobre él para que cumpla.

Después de conocer este acercamiento, un hombre puede decidir tranquilizar a su compañera diciéndole que le gustaría que le despertara justamente antes de que ella esté a punto de llegar al orgasmo para sumarse al acto.

CUANDO LOS HOMBRES DEJAN DE INICIAR LAS RELACIONES SEXUALES

Una de las razones principales por las que las parejas no tienen relaciones sexuales es porque un hombre deja de llevar la iniciativa o una mujer la lleva demasiadas veces. Cuando una mujer lleva siempre la iniciativa en las relaciones sexuales, no sólo llega a sentirse frustrada, sino que después de un tiempo el hombre empezará a perder interés en tener relaciones con ella.

Las mujeres generalmente no son conscientes de que si ellas acosan a un hombre más de lo que él las acosa a ellas, el hombre, finalmente, llegará a ser más pasivo. Un acoso leve está bien para hacerle saber cuándo es el momento adecuado para que él la acose a ella; pero cuando se abusa de esto, el hombre pierde interés y no sabe por qué.

Cuando una mujer se siente responsable de tener que iniciar las relaciones sexuales, un hombre empieza lentamente a sentirse menos motivado. Cuando ella expresa su lado perseguidor masculino, él se inclina demasiado hacia su lado receptivo femenino. Este desequilibrio erosiona lentamente la pasión en el matrimonio.

Con bastante frecuencia, él ni siquiera sabe qué ha sucedido con sus sentimientos apasionados hacia su pareja, e incluso puede asumir que simplemente ya no se siente atraído por ella, lo cual es un error. Cuando una mujer toma la iniciativa de las relaciones sexuales de una forma indirecta, tal y como he señalado anteriormente, ella se asegura de que su pareja pueda encontrar su lado masculino: el que la desea y busca acosarla.

> *Cuando una mujer toma la iniciativa en las relaciones sexuales de una forma indirecta, ella se asegura de que su pareja pueda encontrar su lado masculino: el que la desea y busca acosarla.*

Muchos hombres no tienen ni idea de que una excesiva energía y agresividad sexual por parte de la mujer puede finalmente inhibirlos. A algunos hombres les gustan mucho las mujeres enérgicas al principio, pero después no saben por qué ya no se sienten atraídos por ellas, y encuentran pronto otras mujeres más atractivas. Al principio, una mujer sexualmente enérgica puede hacerle sentir estupendamente, al sentirse liberado del riesgo del rechazo; pero pasado el tiempo, su pasión disminuirá.

Las mujeres comúnmente se quejan de que ellas no quieren tomar siempre la iniciativa en las relaciones sexuales. Mi sugerencia es que en vez de iniciarlas ella, una mujer pueda centrarse en ofrecer al hombre mensajes de que puede empezar él la relación con absoluta confianza.

En vez de iniciar ella las relaciones sexuales, una mujer puede centrarse en ofrecer a un hombre el mensaje de que puede iniciarlas él con absoluta confianza.

No hay problema con una mujer que toma la iniciativa de las relaciones sexuales de vez en cuando. El problema se produce cuando ella lo hace siempre, porque él dejará poco a poco de iniciarlas e irá perdiendo interés sexual.

CUANDO UNA MUJER NO ESTÁ INTERESADA EN EL SEXO

Los hombres se sienten desalentados cuando tienen la impresión de que sus mujeres no le dan al sexo la importancia que ellos le conceden. Sin mensajes claros y consistentes, por parte de ella, de que disfruta con el sexo, él puede dejar de sentirse atraído por ella. De pronto, las mujeres que conoce, las que no le han rechazado, se vuelven a sus ojos más atractivas.

Históricamente, los hombres han sido mucho más activos sexualmente fuera del matrimonio que las mujeres. Sin una buena comunicación y unas técnicas románticas las parejas pierden, de forma considerable, el interés sexual el uno por el otro. Mientras las mujeres pueden haber buscado satisfacción en sus fantasías, los hombres liberan sus frustrados sentimientos y fantasías buscándose aventurillas.

En el pasado, las mujeres podían abandonar más fácilmente la necesidad del sexo en favor de los requerimientos rutinarios de crear un hogar y una familia. La supervivencia de la familia era más importante que la satisfacción de la pasión sexual, un lujo que la mujer no podía afrontar. Los hombres solucionaban la pérdida del interés sexual de la mujer buscando, y encontrando, de forma discreta, el sexo en otros lugares.

Desafortunadamente, tan pronto como un hombre dirige sus energías hacia otra parte, es mucho más difícil para su pareja sentir suficiente satisfacción emocional para dirigir su pasión sexual hacia él. Como resultado de ello, la unidad familiar se preserva, pero el enamoramiento se pierde.

La razón principal por la que los hombres recurrían a las aventuras es que no sabían que tenían el poder de despertar de nuevo la sexualidad de sus parejas.

La razón principal por la que los hombres recurrían a las aventuras era que no sabían que tenían el poder de despertar de nuevo la sexualidad de sus parejas. Carecían de las técnicas que nosotros podemos aplicar ahora. Con un entendimiento más profundo del sexo opuesto, podemos ahora reavivar la llama de la pasión incluso cuando se ha apagado. En el próximo capítulo, examinaremos cómo reavivar la pasión en una relación.

8
Cómo reavivar la pasión

Muchas veces los miembros de la pareja pueden sentirse sexualmente atraídos durante el día, mientras están separados, y perder las ganas al llegar a casa.

Por ejemplo, un marido echa de menos a su mujer y se siente excitado en el trabajo, pero cuando llega a casa deja de sentirse atraído por ella. Una mujer puede sentirse predispuesta a tener una relación más romántica, pero cuando llega a casa el deseo se esfuma.

Estos casos podrían deberse a varias razones. En primer lugar puede tratarse simplemente de que las responsabilidades de ocuparse de una casa o de los niños eclipsan los sentimientos románticos. Demasiada rutina puede disminuir la pasión.

También puede ocurrir que pequeños problemas sin resolver permanezcan después de una conversación o disputa desagradable. En buena medida, el problema podría haber sido resuelto, pero no se hizo de la forma adecuada. El desacuerdo se olvida fácilmente fuera de casa, pero cuando la pareja se reúne de nuevo, vuelve de una forma vaga, y de pronto la atracción se esfuma. Cuando tú reavivas la pasión en tu relación, el amor se manifiesta, ya que tener relaciones sexuales puede hacer desaparecer esos nubarrones y suavizar las asperezas.

Aunque como experiencia general la relación se restablece antes de que el sexo pueda ser placentero, algunas veces tener relaciones sexuales cálidas puede mejorar la comunicación de una forma espectacular. Una predisposición de la mujer a tener relaciones sexuales puede revelar el amor de un hombre hacia ella.

Incluso algunas veces si ella se siente distante, tener relaciones sexuales con él y sentir su amor por ella puede conquistarla de nuevo.

Aunque como norma general la relación se restablece antes de que el sexo pueda ser placentero, algunas veces tener relaciones sexuales cálidas puede mejorar la relación de una forma espectacular.

Quizá las parejas simplemente han perdido el hábito de tener relaciones sexuales regularmente. Fuera de casa, ellos se sienten libres para sentir sus deseos sexuales, pero en casa, la vieja rutina de no tener relaciones sexuales se impone. Una vez que el sexo se ha relegado, llega a ser más difícil volver sin unas adecuadas técnicas avanzadas de relación. Si se es consciente de que las técnicas son necesarias, incluso cuando la pasión ha desaparecido, a menudo es fácil reavivarla.

Escapadas románticas

Una de las formas más simples y eficaces de reavivar la pasión es salir de casa en una escapada romántica. Pasar una noche en un hotel. Disfrutar cambiando de escenario. Escapar de la rutina y la familia. Dejar, durante un buen rato, todas las responsabilidades domésticas atrás. Cuanto más bonito es el ambiente, mejor.

Se ha de intentar salir al menos una noche una vez al mes. Si no puedes ir al típico lugar de vacaciones o a otra ciudad, vete a un hotel. Algunas veces el hecho de meterse en una cama diferente puede servir como truco.

Son sobre todo las mujeres las que necesitan a menudo un cambio de ambiente para sentirse excitadas. Este cambio las libera del sentimiento de responsabilidad hacia la familia y la casa. Cuando el ambiente es bonito, se despierta en ellas su más íntima belleza.

*Son sobre todo las mujeres las que necesitan a menudo
un cambio de ambiente para sentirse excitadas.*

CUÁNDO HACER LA ESCAPADA

Es bastante común que un hombre cometa el error de esperar hasta que su pareja le envíe mensajes claros de que quiere tener relaciones sexuales antes de que él planee una escapada breve. Es un gran error. La escapada le ayuda a ella a estar más predispuesta para el sexo. Si él espera a que ella se sienta atractiva sexualmente antes de planear una salida, entonces puede esperar y esperar, y las cosas se pondrán peor.

Si, durante mucho tiempo, una mujer no ha podido hacer una escapada ni sentirse libre para sacar a relucir su romanticismo y vivir intensamente su sexualidad, su estado de ánimo llega a ser asexual. Para reavivar la pasión y sentirse como una mujer bella y amada, tiene que escapar de las responsabilidades diarias y de la rutina. Solamente programando la escapada, pueden volver sus sentimientos románticos.

El hombre, por su parte, no debe olvidar que algunas veces antes de que una mujer pueda sentirse romántica, necesita charlar. Si el viaje al lugar de vacaciones es largo, ella podrá hablar durante todo el camino.

Particularmente, las mujeres necesitan hablar para liberarse del estrés y superarlo.

Después de un viaje de ese tipo, en el cual ella pueda relajarse, lo más seguro es que llegue al lugar de vacaciones y a su nueva cama con una gran disposición de ánimo. De pronto, un rotundo sentimiento nuevo, que no podría haber surgido en casa, emerge. Ella podría querer tener relaciones sexuales enseguida, o querer ir a dar un paseo o disfrutar comiendo fuera. Pero una vez empieza a sentir que la cuidan, puede dejar de sentirse como si tuviera que cuidarse de otros. De esta forma sus pasiones más íntimas despiertan.

Otra forma de ayudarla para que se relaje es llevarla de compras, si esto es algo con lo que ella disfruta. Aunque puede ser muy cansado para los hombres, muchas tiendas tienen sillas para que el marido se siente mientras ella se prueba la ropa. Solamente el hecho de explorar una tienda y pensar en lo que le gusta y en lo que ella quiere, le ayudará a pasar de estar preocupada por otros a sentir sus propias necesidades. Aunque no compre nada, puede sentirse feliz.

Una mujer se beneficia directamente del proceso de exploración de lo que ella quiere. Esto le ayuda a entender lo que le gusta, sus anhelos, sus deseos, y directamente la prepara para experimentar una pasión y un deseo sexual intenso. Ir de compras un rato puede sumarse plenamente al placer de una salida.

Si ella disfruta y lo aprecia todo, un hombre probablemente se sentirá fácilmente excitado también. Cuando ella disfruta con el nuevo ambiente, una parte emocional de él se atribuye el mérito de la felicidad de ella. Esta sensación de éxito puede desencadenar su excitación. Al dejar sus problemas atrás, ellos pueden disfrutar uno del otro más plenamente.

Aunque las escapadas espontáneas pueden reavivar el espíritu romántico, algunas veces nosotros estamos tan ocupados o responsabilizados de otros que no podemos escaparnos fácilmente. Cuando las escapadas están programadas, una mujer puede estar más en contacto con su deseo sexual. Esa parte de ella puede esperar con la certeza de que se verá cumplida.

ESCRIBIR UNA CARTA ERÓTICA

Otro secreto para que vuelvan los deseos sexuales es escribir una carta erótica a tu pareja. Si tú percibes que cuando estás lejos de tu mujer te pones cachondo, pero que cuando te encuentras en casa no te sucede lo mismo, intenta anotar tus deseos cuando surjan. Como ya he mencionado, el estrés doméstico puede fácilmente eclipsar y aminorar el deseo sexual, que a pesar de estar dentro de nosotros, necesita una ayuda extra para que se manifieste en casa.

Si cuando estás lejos de tu pareja, te sientes excitado e imaginas una escena romántica en la que se representan aquellos deseos sexuales con tu pareja, explícale en una carta lo que quieres hacer y después describe la escena y tus deseos como si realmente estuviera sucediendo.

A continuación, ponemos un ejemplo de una carta escrita por un hombre a su mujer.

Querida:

Realmente te echo de menos. Estoy verdaderamente cachondo y no puedo esperar para verte y tocarte. Deseo acariciar tu bello cuerpo desnudo. Tus gráciles curvas y tus pechos hermosos me vuelven loco de placer y deseo. Estoy anhelando coger tus pechos y chupar lentamente tus pezones erectos.

Ahora mismo estoy imaginando que te tengo en mis brazos. Siento la suavidad cálida de tu cuerpo presionando contra el mío. Deseo apretarte contra mí. Aspiro tus olores dulcísimos y mi amor por ti aumenta. Beso tus labios suaves y mi cuerpo entero se estremece. Poco a poco nos besamos con más fuerza y, entonces, tú me abres tus labios. Mi lengua entra en tu boca, y tu humedad me pone más cachondo.

Sostengo tu cabeza entre mis manos y acaricio tu hermoso pelo. Anhelo explorar tu cuerpo con mis dedos, sabiendo lo cachonda que te estás poniendo. Deseo sentir tus dedos rastreando mi cuerpo. Igual que tú me deparas un inmenso placer con cada una de tus caricias, yo sé que tú disfrutas con las mías.

Deseo quitarte el sostén y sentir la suavidad de tus pechos y la dureza de tus pezones. Sé que me deseas como yo te deseo a ti. Te entrego mi amor en respuesta. Eres todo lo que quiero. Estoy consumido por la pasión de unirme a ti, de estar junto a ti, de penetrar en tu cálida y húmeda vagina.

Cuando mis dedos tocan por primera vez tu vagina humedecida, una excitación increíble agita mi cuerpo. Lenta y rítmicamente empiezo a rodearla hasta que me pongo a acariciar suavemente tu clítoris. Con una tranquilidad creciente, cuando tú empiezas a jadear yo aumento la velocidad y la presión.

Puedo sentirte buscando más de mí cuando yo anhelo lo mismo de ti y deseo unirme a ti más profundamente. Después de tocarte por todas partes, oigo tu cambio de respiración y los gemidos dulces y receptivos. Mi pene duro y del todo erecto desea penetrarte y es finalmente aliviado. ¡Qué gloria celestial poder entrar en tu cámara sagrada; qué amor siente mi corazón; qué pasión crece dentro de mí! Empiezo a penetrar más, poco a poco.

El tiempo se detiene. Por fin estamos unidos. Cuando yo empujo suavemente y te lleno, oigo tu grito ruidoso y siento que te abandonas a mi presencia. Continúo entrando y saliendo, dentro y fuera, mi pene se va poniendo cada vez más duro. Cada movimiento alivia las fibras más delicadas de mi alma. Me siento como si quisiera arder, y entonces mi presión es momentáneamente aliviada con tus gemidos placenteros.

Nos elevamos juntos a los sentimientos de amor, placer y éxtasis. Todo mi amor va hacia ti cuando tú llegas al clímax. Tus gemidos palpitantes de placer alcanzan su cima, el rayo luminoso del placer del orgasmo explota dentro de mí cuando me corro dentro de ti. Nos sumergimos en la unión gloriosa, abrazados el uno al otro, nuestros cuerpos desnudos enlazados, me inunda la felicidad. Mi vida está en paz, y me siento una vez más pleno, completo. Doy gracias a Dios por ti y por el regalo especial que es amarte y ser amado por ti.

Mientras estamos echados juntos, yo acaricio suavemente tus cabellos y miro dentro de tus bellos ojos. Y te digo: «Ha sido maravilloso», y tú me ofreces una delicada sonrisa. Una vez más soy consciente de lo afortunado que soy.

Te querré siempre
(Firmas con tu nombre.)

Desde luego, no a todo el mundo se le da bien escribir, y expresar estos sentimientos delicados puede ser difícil. Esto no quiere decir que los sentimientos no existan; solamente significa que no estás dotado para expresarlos con palabras. Esta es una de las razones por las que las mujeres gastan millones de dólares comprando novelas románticas. Un hombre que tiene dificultades para verbalizar su pasión puede querer comprar postales de salutación que expresen poéticamente lo que siente. Es perfectamente normal tener sentimientos amorosos y no saber cómo expresarlos de forma que se les haga justicia. Escoger la postal correcta para expresar tus sentimientos es algo tan aceptable como escribir las palabras por ti mismo.

> *Escoger la postal correcta para expresar tus sentimientos es tan aceptable como escribir las palabras por ti mismo.*

El mismo principio es válido para las cartas eróticas. Siéntete libre para tomar prestadas muchas de las palabras y expresiones de la carta erótica anterior, o de novelas de amor, para dar rienda suelta a la expresión de tus sentimientos. Es más importante capturar tus sentimientos y expresarlos con palabras que ser original.

Después de que hayas escrito tu carta erótica, cuéntale a tu pareja que tienes una carta especial que enseñarle. Tómate el tiempo que necesites —como mínimo unos cuarenta y cinco minutos, sin interrupciones— para que puedas leerle la carta a tu pareja o tu pareja la lea por sí misma, en voz alta o en silencio. Casi automáticamente, mientras la carta es leída, aquellos sentimientos aflorarán, y tú podrás entonces disfrutar de unas relaciones sexuales espléndidas de nuevo.

Esta técnica nos ha ayudado a mí y a mi mujer muchas veces para reavivar el deseo sexual del uno hacia el otro. No me di cuenta de lo importante que era para Bonnie hasta que una vez ella me reveló que guardaba esas cartas en un sitio muy especial, y cuando no se sentía querida por mí, las cogía y las leía de nuevo.

Las cartas eróticas no son solamente válidas para conseguir que el sexo funcione, sino que también pueden ayudar a tu pareja a comprender cómo te sientes cuando tienes relaciones sexuales. Sin esas cartas, Bonnie no hubiera sabido nunca, de forma tan rotunda, la profundidad de mi pasión por ella durante nuestros maravillosos encuentros sexuales.

La llamada telefónica erótica

Si una pareja está separada físicamente, porque se encuentran en viaje de negocios, o si dos personas tienen una larga relación a distancia, pueden estar muy excitados sexualmente y querer masturbarse. Algunas veces una habitación de hotel o una cama vacía pueden resultar sitios muy solitarios y, por ende, surgir fuertes deseos sexuales. En vez de aliviar la tensión sexual masturbándose, ¿por qué no llamar a la pareja y tener una conversación erótica por teléfono?

Esto es algo muy similar a escribir una carta erótica. Primero dile a tu pareja lo excitado que estás y lo mucho que desearías que él o ella estuviera allí. Pídele que se toque, con los ojos cerrados, como si lo estuvieras haciendo tú. Habla y responde por turnos.

Ocasionalmente, describe cómo te sientes y lo que imaginas que tu pareja te está haciendo o lo que tú le estás haciendo a ella.

De esta forma, la pareja puede tener un coito imaginario, y con la ayuda de un poco de lubricante (la crema de manos que los hoteles siempre suministran bastará), incluso masturbarse juntos y tener un orgasmo.

Aunque esto no es lo mismo que una relación sexual completa y gratificante, no es algo que se aparte mucho de ella. De todas formas asegúrate antes de que no estás hablando por un teléfono celular, que puede ser captado por las radios. Este es tu momento íntimo, no el de los vecinos.

Una combinación de relaciones sexuales plenas y polvo rápido es hacerlo en mitad de la noche. Es un sentimiento maravilloso para un hombre el que su mujer lo despierte en medio de la noche presionándole con su vagina cálida y húmeda contra las piernas, al tiempo que presiona sobre su pecho con el suyo desnudo.

Una mujer que esté en disposición de tener relaciones sexuales dedica unos veinte o treinta minutos a tocarse y masturbarse hasta que está casi a punto de tener un orgasmo; entonces se va hacia el lado de él en la cama y se le sube encima. El hombre encontrará que este modo de despertarle es particularmente maravilloso.

Ya que él solamente necesita unos pocos minutos para excitarse y ella ya lleva veinte estimulándose, ambos llegarán al orgasmo. Si un hombre quiere tener relaciones sexuales con su pareja durante la noche, la cosa no es igual, porque ella no se despierta preparada para excitarse en pocos minutos.

Es, sin embargo, una experiencia gratificante para él sentirse algunas veces libre para excitarse y tener relaciones sexuales con ella. Esta clase de libertad es maravillosa, pero exige ciertas condiciones previas absolutamente necesarias. Deberá haber relaciones sexuales muy abiertas y una comunicación afectiva notable antes de intentar esta técnica.

Él debe preguntarle antes si aceptaría que la despertara. Ella puede no estar de acuerdo, a menos que esté de vacaciones, muy descansada o pueda dormir más tarde.

Incluso aún teniendo su consentimiento, cuando un hombre despierta a su pareja, debe ser menos agresivo que en el caso de que ella le hubiera despertado a él. Si está cachondo por la noche, puede acercarse suavemente a su mujer, tocarla lentamente, abrazarla y frotarse contra ella. Si ella responde aceptando su iniciativa, perfecto; pero ella debe saber que también le será aceptado decir: «Esta noche no».

Si un hombre puede aceptar «esta noche no» sin sentirse rechazado, ella puede decirlo. Si ella no puede decir no, con confianza, cuando no le apetecen las relaciones sexuales, automáticamente pierde su capacidad para decir realmente sí. No hay un modo mejor de perder la atracción sexual que tener relaciones sexuales cuando no se desean.

Si una mujer no tiene confianza para decir que no quiere relaciones sexuales, automáticamente pierde su capacidad para decir realmente sí.

Respetando las necesidades sexuales particulares de cada uno, ambos pueden dar y recibir la ayuda que necesitan. En el próximo capítulo analizaremos un acercamiento al sexo que asegura el que los dos quedarán siempre satisfechos.

9

Polaridad sexual

Otro secreto para las relaciones sexuales plenas y para mantener la pasión viva es comprender y aprovechar nuestras polaridades sexuales diferentes. De la misma manera que el polo negativo de un magnetismo atrae con fuerza el polo positivo de otro magnetismo, expresando nuestra polaridad sexual opuesta, podemos incrementar la atracción, el deseo y el placer.

Hay dos polaridades sexuales, dar placer y recibir placer. Cuando un miembro de la pareja esta dando y el otro recibiendo, el placer sexual puede fácilmente desarrollarse. En la polaridad sexual, las parejas se alternan conscientemente usando estas polaridades para aumentar deseo y placer. Un miembro de la pareja da mientras que el otro recibe. Más tarde cambian los papeles, y el que daba deja de dar y solamente recibe.

La polaridad sexual tiene dos etapas. En la primera, el hombre toma y la mujer da. En la segunda etapa, él se ocupa de las necesidades de ella, mientras que ella se relaja y se centra en recibir.

Mientras se practica la primera etapa de polaridad sexual, el hombre empieza recibiendo. Él no está preocupado, en principio, en pasar mucho tiempo dándole a ella placer. Ciertamente quiere que ella disfrute, pero está realmente centrado en su propio placer. Asimismo, ella no espera excitarse inmediatamente ni estar al nivel de él.

En la segunda etapa, tiene lugar su turno para recibir mientras que él se centra en dar. Ella ha dado todo lo suyo, y ahora puede justamente recibir. De esta forma, ambos consiguen, finalmente, lo que querían.

He desarrollado primero la idea de polaridad sexual porque sé que un hombre no siempre quiere tomarse mucho tiempo con los preliminares que su pareja puede necesitar para llegar al orgasmo. Esto no quiere decir que él no se preocupe del placer de ella, sino que su cuerpo quiere continuar hasta el final: el coito y el orgasmo. Esta diferencia de tiempo en los preliminares algunas veces crea un gran problema.

Obviar los preliminares que ella necesita solamente crea resentimiento por su parte. Sin embargo, esperarla puede frustrarle a él. Si el hombre va al grano, después de su orgasmo su energía se habrá agotado, y su pareja se quedará insatisfecha. Después de un tiempo, él dejará de desear tener relaciones sexuales porque no quiere tomarse un tiempo para los preliminares. Algunas veces un hombre llega verdaderamente cansado al final del día y no tiene la paciencia necesaria. Pensar en tener que hacer todos los preliminares le inhibe sexualmente.

De forma similar, muchas veces una mujer no quiere tener relaciones sexuales porque no quiere que su pareja se frustre cuando intenta despacharla rápidamente. Para que el sexo sea algo positivo, una mujer necesita saber que no tiene que excitarse inmediatamente. Ella no siempre sabe cuánto tiempo necesitará o incluso si sucederá o no.

Para que el sexo sea algo positivo, una mujer necesita
saber que no tiene que excitarse inmediatamente.
Ella no siempre sabe cuánto tiempo necesitara
o incluso si sucederá o no.

La polaridad sexual es la solución a este problema, y, como veremos, también tiene muchas otras ventajas. En vez de sentirse frustrado por tener que esperar para que el placer de su pareja aumente, un hombre puede en primer lugar ir al grano y hacer cualquier cosa que le excite. Entonces, antes de que él esté a punto de tener un orgasmo, debería parar y empezar los preliminares que ella necesita para aumentar su deseo. Así, después de que ella llegue al orgasmo, él puede llegar al suyo fácilmente.

PRACTICAR LA POLARIDAD SEXUAL

La polaridad sexual a menudo empieza con el hombre sintiéndose excitado y con verdaderas ganas de aliviar su tensión sexual, y con la mujer que simplemente disfruta con la excitación de él. Él puede coger a su amante, besarla, tocarla, refregarse contra ella, desvestirla, e incrementar su excitación a través de ella. Ella podría simplemente echarse y disfrutar al sentirse tan deseable para él, o podría empezar a tocarle de forma que él se excitase.

Ella no siente que deba igualar su nivel de excitación. En vez de eso, solamente le ayuda excitándole. También puede encargarse de estimularle, particularmente tocando, cogiendo, frotando, estrujando y acariciando su pene, y tal vez practicando el sexo oral con él. Todo esto es para incrementar la excitación sexual del hombre. De una forma muy clara, él está recibiendo placer, y ella se lo está dando.

Después de unos cinco minutos, cuando su excitación empieza a llegar a la cima y puede decir que su orgasmo está próximo, le hace señas a ella para que deje de estimularlo. Él podría indicar que está próximo a un orgasmo emitiendo fuertes sonidos como «ooohhh» o respirando profundamente, espirar relajadamente o apartar suavemente la mano que le acaricia para cambiar posiciones.

Para indicar que está preparado para cambiar de polaridad, él simplemente puede retirar las manos de ella y colocarlas sobre sus hombros. Además, puede cambiar también de lado de la cama suavemente. Todas estas señales le dicen claramente a ella que ahora él está listo para devolver todo el placer que ella le ha dado a él. Ella puede relajarse y empezar a centrarse en su cuerpo y en su placer cuando él lentamente empiece a excitarla. Aunque él puede necesitar solamente dos o tres minutos de estimulación, debe recordar que ella necesita de veinte a treinta.

CAMBIAR LA POLARIDAD

Al principio, puede ser duro para él parar y cambiar la polaridad, pasando a la segunda etapa. Podría estar tan excitado que solamente le gustaría satisfacerse por completo. Esto sucede sobre todo cuando ella practica sexo oral o ambos están teniendo un coito en la etapa inicial. Entendiendo la necesidad que tiene ella de que él esté excitado cuando ella llegue al orgasmo, él puede encontrar el control que necesita.

*Entendiendo la necesidad que tiene ella de que él esté
excitado cuando ella llegue al orgasmo, él puede
encontrar el control que necesita.*

Hombres y mujeres están programados biológicamente para tener una experiencia diferente después del orgasmo. Después de que una mujer haya tenido un orgasmo, está todavía excitada y puede disfrutar con otra penetración; sus hormonas del placer se mantienen en un nivel muy alto. Después de un orgasmo, un hombre generalmente pierde su excitación y su erección rápidamente. Cuando él llega a su máximo placer, ya todo ha terminado. Sus hormonas del placer se disipan y desaparecen en gran parte.

Si él llega antes al orgasmo, no le queda energía para cuando ella está preparada para el suyo. Si ella llega primero al orgasmo, no sólo aún está excitada sexualmente, sino que puede disfrutar más con el orgasmo de él.

Muchas veces las parejas tratarán de programar sus orgasmos para que se produzcan al mismo tiempo. De hecho, este tipo de sincronización puede hacer el sexo menos placentero. Es muy molesto para una mujer estar pendiente de cuándo está a punto de tener un orgasmo. Lo mejor para ella es sentirse libre para descubrirlo cuando llega, sin tener que adaptarse y tratar de controlarlo. Después de que ella haya llegado al orgasmo, él puede llegar al suyo inmediatamente o bien esperar un poco.

Cuando un hombre y una mujer llegan juntos al orgasmo, individualmente están tan absorbidos en su intenso placer que en cierto sentido su pareja momentáneamente no existe, y la intimidad desaparece de pronto.

Cuando un hombre y una mujer llegan juntos
al orgasmo, algunas veces el sexo puede ser
menos satisfactorio.

Durante un minuto una mujer está disfrutando completamente con la atención que él le dedica, y al siguiente minuto esto desaparece. Asimismo, cuando un hombre siente el placer de su propio orgasmo, pierde completamente la experiencia del placer de ella. Hasta que el orgasmo de él llega de pronto, él experimenta plenamente el aumento del placer de ella. Cuando llega su orgasmo, el hombre está demasiado atrapado en la intensidad de su propia experiencia de placer para sentir plenamente el desarrollo y expresión del placer de ella y de su amor hacia él.

Si él lo programa para que ella pueda tener un orgasmo primero, ya que mantiene el control, la ayuda a ella a controlarse. Cuando la mujer tiene su orgasmo, él puede estar allí con ella para disfrutar con su placer plenamente. Entonces, una vez ella ha tenido su orgasmo, se siente libre para experimentar plenamente el de él. Esto es como tener dos orgasmos en vez de uno. Ambos experimentan plenamente el orgasmo de ella, y ambos experimentan plenamente el orgasmo de él.

Si él tiene antes un orgasmo, para experimentar plenamente su placer ella se olvida de su propia excitación y entonces, si ella al final tiene un orgasmo, él, definitivamente, es incapaz de sentir plenamente el orgasmo de ella porque ahora ya no está completamente excitado. Siguiendo las indicaciones generales de la polaridad sexual, una mujer tiene asegurado que al menos en cada relación tendrá la oportunidad de tener un orgasmo. Algunas veces ella puede descubrir que no va a llegar al orgasmo, pero está bastante satisfecha, ya que no se ha sentido presionada con ningún tipo de expectativa.

Siguiendo las indicaciones generales de la polaridad sexual, una mujer tiene asegurado que al menos tendrá en cada relación la oportunidad de tener un orgasmo.

LOS BENEFICIOS EXTRAS DE LA POLARIDAD SEXUAL

Un beneficio extra de la polaridad sexual es que después de que un hombre haya experimentado su placer en la primera fase, al llegar el turno de la mujer ésta siente, naturalmente, que recibir su placer está más justificado. Sin esta sensación extra de que tiene el derecho de recibir su placer, algunas mujeres encontrarían difícil llegar al orgasmo.

Algunas veces, cuando una mujer está especialmente hecha a darse a los demás, tiene dificultades a la hora de recibir de los demás. En las relaciones sexuales, ella puede estar tan ocupada pensando en las necesidades de su pareja o tan preocupada por él que no se permite a sí misma centrarse en sus propias necesidades. Esta tendencia puede ser completamente inconsciente. Una vez, cuando yo estaba describiendo este punto en uno de mis seminarios, una mujer se puso de repente de pie, muy animada y exclamó: «No puedo creerlo... Así es». Todos pudimos reconocer que ella había tenido una experiencia increíble y nos preguntábamos cuál había sido.

Interrumpí mi exposición y le pregunté qué había sucedido. Esta es su historia:

«Me he dado cuenta del motivo por el cual tuve mi único orgasmo. Tengo cuarenta y dos años, y nunca he tenido un orgasmo con mi pareja excepto una vez y nunca he podido entender por qué motivo, hasta ahora. Hace aproximadamente unos seis años, mi pareja quiso tener relaciones sexuales conmigo. Sin embargo, estaba muy resentida. Pensé que yo había dado mucho más en nuestra relación. Después de que él insistiera, accedí pero planeé solamente recibir y disfrutar siendo tocada.

»Cuando tuvimos relaciones sexuales, él lo hizo todo para complacerme, pero por primera vez en mi vida, yo no hice nada por mi pareja. Me dije a mí misma que esto era para mí y realmente conseguí el mejor momento de mi vida. Ahora entiendo por qué tuve un orgasmo: como no estuve centrándome en darle placer a él, pude centrarme en mí misma y funcionó. Aunque no hice nada para complacerle, él también se sintió feliz».

Como este ejemplo nos indica, cuando una mujer puede recibir con plenitud, llega realmente a disfrutar con el sexo. La polaridad sexual le ayuda a recibir, porque después de que ella le haya dado a él, puede cambiar para recibir. Teniendo este entendimiento mutuo de la polaridad sexual y una señal clara de que la segunda fase ha empezado, una mujer puede relajarse completamente y disfrutar el desarrollo gradual de su satisfacción sexual.

CUANDO UN HOMBRE SE CONTROLA

Cuando un hombre controla su placer para no llegar al punto culminante de tener un orgasmo antes que su pareja, una mujer puede disfrutar aún más del sexo. Ella no tiene que preocuparse de darse prisa, ya que podrá llegar al orgasmo antes que él.

Cuanto más segura está ella de que él se controla y de que no va a llegar al orgasmo antes que ella, más puede relajarse y dejarse ir. Esta es otra ventaja de la polaridad sexual. En la primera fase, él conseguía su placer, pero no llegaba al orgasmo. Por tanto, en la segunda fase, ella sabe que el resto del tiempo es para ella. Puede relajarse, sabiendo que él estará allí para ella.

Cuanto más segura está ella de que él se controla
y de que no va a llegar al orgasmo antes que ella,
más puede relajarse y dejarse ir.

Algunas veces, durante las relaciones sexuales, el hombre siente una urgencia extrema de llegar al orgasmo antes que ella. En esos momentos no debe dejar que ella estimule su pene. Es necesario que no se estimule y se calme. Esto se hace de dos formas.

Primero, necesita dejar de ser estimulado antes de que sea demasiado tarde. Entonces puede empezar a incrementar la estimulación de la mujer. Aumentar el placer de ella para que llegue a su nivel de excitación le permitirá recuperar el control.

A veces a una mujer realmente le gusta mucho que él la lleve al orgasmo antes de penetrarla. Esto significa que él se excita en la primera fase, en la segunda ella llega al orgasmo; luego ambos tienen el coito, y él puede alcanzar su orgasmo. Cuando el hombre la penetra después de que ella haya llegado al orgasmo, es muy, pero que muy bien recibido.

DESPUÉS DEL ORGASMO DE LA MUJER

Después de que una mujer haya tenido su orgasmo, puede disfrutar al máximo de que la penetren, porque no solamente está más abierta a ser estimulada, sino que puede disfrutar más con el placer de su pareja. Ella ya se ha relajado, y ahora puede centrarse en recibir y en amarle. Esto es un tipo de estimulación diferente para ella, cuando llega este momento. Antes del orgasmo, la mujer experimenta un placer creciente, pero, después del orgasmo, es como si hubiera subido una montaña y estuviera bailando en la cima del mundo con su pareja.

Además, después de que él le proporcione un orgasmo estimulando su cuerpo entero, y su clítoris, su vagina se contrae y anhela ser llenada con su pene. ¿Qué mejor momento para que él la penetre?

No solamente ella disfruta entonces, sino que él se siente libre para entrar y salir de ella sin la presión de tener que cumplir. Entre un minuto o diez, y ella se sentirá completamente feliz. A una mujer le da igual el tiempo que él permanezca dentro de ella si ya está satisfecha. Algunas veces los hombres malinterpretan la necesidad de una mujer y creen erróneamente que cuánto más tiempo estén dentro de ella es mejor. En términos generales, un coito que dure más de treinta minutos dejará a una mujer dolorida y puede producirle infecciones vaginales.

Los hombres sienten muchísimo placer al resistir mucho tiempo hasta que ella consiga la estimulación que necesita. Practicando la polaridad sexual, ella siempre está segura de que conseguirá el tiempo que necesita antes de que él llegue al orgasmo.

A una mujer le da igual el tiempo que él permanezca dentro de ella si ya está satisfecha.

INCREMENTAR EL PLACER DE LA MUJER

Un hombre tiende a pensar de una forma muy directa. Él quiere incrementar el placer de una mujer de la forma más eficiente posible. Una vez ella está cerca del orgasmo, él continúa estimulándola para empujarla al placer más extremo y conseguir el orgasmo. El secreto de darle a ella más placer es acercarla al orgasmo y entonces retroceder, ir más despacio, disminuir la estimulación y volver a empezar.

Para desarrollar de la forma más efectiva el placer de una mujer, un hombre debería llevar a su pareja al momento culminante del orgasmo y entonces dejar que su energía se asiente, subir de nuevo y volver a calmarse. Cuando él la lleva al límite del orgasmo dos o tres veces y finalmente deja que llegue el suyo, el orgasmo de la mujer es mucho más intenso y satisfactorio.

Cada vez que ella se acerca, su anhelo y deseo por llegar al orgasmo aumenta. Su cuerpo también tiene la oportunidad de prepararse plenamente para el orgasmo. Alargando los preliminares de esta forma, no solamente ella experimenta un orgasmo mayor, sino que también el orgasmo de él es mucho más intenso.

En la polaridad sexual, un hombre debería primero desarrollar su energía hacia su orgasmo. Si él hace una pausa y se centra en ella, su energía se relajará. Más tarde, cuando le toque a él llegar al orgasmo, su placer será mucho más gratificante porque él ha esperado.

Una forma de que la mujer pueda hacer al hombre una señal para comunicarle que está a punto de llegar al orgasmo es usar una palabra codificada: «Por favor». La palabra tiene un doble significado: «Por favor, para o tendré un orgasmo», y «Me estás dando muchísimo placer». Cuando él reciba el mensaje, puede elegir continuar y dejar que ella llegue al orgasmo o disminuir la excitación directa del clítoris entre treinta segundos y unos tres minutos antes de estimularla de nuevo.

Cuando él hace una pausa, no todo necesita pararse. Él puede continuar acariciándola por todo el cuerpo de forma muy erótica sin tocar directamente su clítoris. Esto le da a ella la oportunidad de que su energía se asiente un poco antes de que él aumente su excitación.

Aumentar nuestro placer potencial

Cada vez que permitimos que nuestra energía se aposente antes de desarrollarla, estamos aumentando la capacidad del cuerpo para disfrutar del placer. Una vez hice un experimento análogo.

Un amigo mío tenía un dolor crónico. Para aminorarlo, el

doctor le colocó primero una aguja en el cuerpo en un lugar clave. Entonces por ella se envió una corriente eléctrica. A cada hora, la corriente era aumentada espectacularmente. Fue asombroso ver cómo el cuerpo soportaba más electricidad siempre que el fluido se aumentaba poco a poco. Aunque yo no padecía ningún dolor crónico, quise comprobar cómo era este tratamiento.

Me clavaron la aguja en el brazo y conectaron la electricidad hasta que sentí un dolor ardiente. En ese momento, hice una señal de que era demasiado, y lo redujeron un poco, dejándolo en un nivel más confortable.

Después de diez minutos, una enfermera giró un botón que inmediatamente dobló la intensidad. Pude notar la diferencia, pero no me dolió en absoluto.

Como la corriente eléctrica estuvo al principio al nivel de mi tolerancia máxima, después al disminuirla un poco, pudo mantenerse en este punto durante diez minutos, con lo que mi cuerpo tuvo tiempo de adaptarse y prepararse para recibir más intensidad. Pasados diez minutos, pude recibir dos veces más corriente eléctrica. Estaba asombrado.

Después de otros diez minutos, la enfermera volvió e incrementó otra vez el fluido respecto a la cantidad inicial. Después de veinte minutos, fui capaz de aceptar tres veces más de la cantidad inicial.

Cada diez minutos durante una hora, la corriente fue incrementada. Después de una hora ya podía recibir sin dolor seis veces más de la cantidad original. A través de una adaptación lenta de la corriente, mi cuerpo podía tolerar una corriente seis veces más fuerte. Esta fue una respuesta característica.

Al día siguiente, volví a la consulta y empecé con la misma cantidad que había recibido el día anterior. Entonces decidí aumentar la corriente y doblar inmediatamente la cantidad en vez de esperar diez minutos. Acabé conmocionado y haciéndome daño. Pude experimentar la capacidad del cuerpo para adaptarse y recibir más corriente si se le daba el tiempo suficiente.

Lo mismo ocurre con el sexo; si nos tomamos tiempo para

desarrollar la energía, acostumbrarnos a ella y aumentarla de nuevo, la capacidad para experimentar el placer aumenta de una forma espectacular.

Alternando el desarrollo de la energía con las pausas, de hecho estamos aumentando nuestra capacidad de placer para que podamos disfrutar al máximo y tener orgasmos más intensos y más satisfactorios.

Alternando el desarrollo de la energía con las pausas, de hecho estamos aumentando nuestra capacidad de placer para que podamos disfrutar al máximo y tener orgasmos más intensos y más satisfactorios.

Cuando te tomas el tiempo necesario para aumentar el placer una y otra vez, tienes un orgasmo pleno que afecta a todo el cuerpo. Si estás excitado y buscas un orgasmo rápido, éste generalmente se concentra más en los genitales y no alcanza la dimensión requerida.

SALUDABLE SEXO CASERO Y SEXO DE *GOURMET*

A menos que se eche un polvo rápido, un hombre debería llevar a su pareja al punto de máxima excitación como mínimo dos o tres veces antes de que él llegue al orgasmo. Esto es una materia prima dietética del sexo altamente gratificante y suele llevar unos treinta minutos.

El saludable sexo casero lleva alrededor de treinta minutos. Cinco minutos para él, veinte minutos para que ella se prepare para el orgasmo, y entonces, después de que él haya llegado, cinco minutos para disfrutar la sensación de bienestar de estar juntos amorosamente echados.

Es bueno saber de una forma clara que el sexo puede ser mutuamente gratificante para ambos en un periodo relativamente corto de tiempo. Si el acto sexual te lleva horas y horas, de hecho la pasión morirá. Empezamos por asociar el sexo a una gran cantidad de tiempo, y en nuestras cargadas agendas es muy difícil encontrarlo. Pero incluso en un horario muy ocupado, media hora es fácil de programar al menos una o dos veces por semana.

Además del sexo casero, es importante crear espacios de privacidad cuando se tengan al menos dos horas y disfrutar del sexo de *gourmet*. Durante unas relaciones sexuales de este tipo, tú puedes turnarte para llevar a tu pareja al punto extremo del orgasmo. Por ejemplo, ella podría empezar llevándole a él, luego él a ella durante unos minutos, después ella a él otra vez. Y así sucesivamente, ambos pueden extender los preliminares hasta que uno de los dos no pueda refrenarse más.

Para un hombre el sexo de *gourmet* no sólo es maravilloso, sino que le sirve de entrenamiento para controlar su energía sexual. No solamente es más placentero, sino que también le proporciona una nueva experiencia de ir más despacio y vivir más el momento.

Después de aproximarse al orgasmo varias veces, la urgencia del clímax se aminora, y se puede empezar a saborear cada momento, cada sabor, cada olor, cada respiración, cada leve sonido, cada sensación. Además, se puede experimentar más plenamente el fluido o la corriente de amor desde y hacia la pareja.

Durante el sexo de *gourmet*, sin embargo, la pareja dedicará más tiempo a la fase primera. El hombre puede aproximarse al clímax varias veces. Luego pasarán a la fase segunda, y ella estará a punto de llegar al orgasmo una y otra vez. Después ellos podrían volver a la fase primera. Finalmente, a medida que sus cuerpos se preparan de forma gradual para recibir más electricidad sexual, ellos pueden disfrutar dando y recibiendo al mismo tiempo. Aunque no se han de seguir las indicaciones de la polaridad sexual al pie de la letra, uno se ha de asegurar de que la mujer llegue al orgasmo primero.

SEXO RÁPIDO

El sexo rápido lleva aproximadamente de tres a cinco minutos. Es básicamente la fase primera de la polaridad sexual y todo es para el placer de él. Una mujer está por lo general predispuesta a tener relaciones sexuales rápidas de forma ocasional cuando se siente apoyada emocionalmente en la relación y sabe que en otros momentos experimentará el saludable sexo casero y de vez en cuando el sexo de *gourmet*.

Una mujer está generalmente predispuesta a tener relaciones sexuales rápidas de forma ocasional cuando se siente apoyada emocionalmente en la relación y sabe que en otros momentos experimentará el saludable sexo casero y de vez en cuando el sexo de gourmet.

El sexo rápido de forma regular sólo le atrae a él, pero también tiene unos beneficios extras para ella. Aunque no experimente la estimulación física del sexo más lento, emocionalmente puede ser muy satisfactorio para una mujer por una serie de razones.

Desde que empecé a enseñar el cómo y el porqué de incorporar polvos rápidos a la vida sexual de una pareja, no solamente los hombres me lo han agradecido, sino también las mujeres. Estos son algunos ejemplos de lo que las mujeres me han dicho:

«Ahora, cuando tenemos relaciones sexuales y descubro que no estoy predispuesta, no tengo que fingir, y precisamente puedo decir: "Echemos un polvo". Él no se pone desagradable, y yo no tengo que explicar que algo vaya mal.»

«Es estupendo porque algunas veces yo solamente quiero acurrucarme y ser acariciada, pero también quiero que él esté satisfecho. Así consigo lo que quiero sin tener que intentarlo.»

«Finalmente, él ha comprendido que yo a veces sólo quiero tener un coito sin preocuparme por tener o no un orgasmo.»

«Los polvos rápidos son estupendos. No me preocupo de lo predispuesta que tengo que estar. A veces empezamos con un polvo rápido y yo me excito. Entonces le digo que me acaricie, y él se siente muy feliz de cambiar el ritmo y proporcionarme un orgasmo. Nunca hubiera sabido que estaba predispuesta si no hubiéramos empezado con un polvo rápido.»

«Acostumbraba a decirle que yo no tenía por qué alcanzar el orgasmo, pero que me gustaba tener relaciones sexuales si él estaba predispuesto. Él se ponía triste, como si algo fuese mal. Pero cuando escuchó sus cintas sobre sexo, todo cambió. De algún modo, al decírselo alguien más, pudo realmente entenderlo. Ahora, sin sentir la presión de representar cada vez, he empezado a disfrutar del sexo mucho más, y ahora tengo orgasmos más a menudo.»

«A veces no quiero que las relaciones sexuales sean un largo proceso. Quiero acabar pronto. En vez de tener que fingir un orgasmo para acabar, puedo decirle: "Echemos un polvo", y en pocos minutos hemos acabado.»

«Algunas veces, cuando salimos, hay muchas mujeres más jóvenes a nuestro alrededor. Aunque yo no esté predispuesta para el sexo, disfruto sintiendo que aún puedo excitar a mi pareja. Yo iniciaré las relaciones sexuales en esos momentos con mensajes muy claros. Cuando empecemos, le haré saber que no necesito que me estimule. Es suficiente sentir a mi hombre queriéndome y deseándome.»

Este tipo de comentarios añade nuevos conocimientos a la importancia de los polvos rápidos.

CUÁNTOS ORGASMOS SON SUFICIENTES

Hoy en día muchos libros tratan sobre cómo conseguir más y más orgasmos. Aunque estos libros están ciertamente ayudando a algunas parejas, muchas mujeres se sienten presionadas a representar. Con unos horarios tan completos, es suficiente pensar en tener uno solo. Ahora en los noventa las mujeres esperan tener muchos.

Muchas mujeres están completamente satisfechas de tener

un orgasmo. A veces tener mucho de algo no es lo mejor. Cuando una mujer está satisfecha con un orgasmo, el hombre está también satisfecho por habérselo proporcionado. De alguna forma, él puede pensar: «Lo he hecho. He conseguido satisfacerla completamente».

Algunas mujeres siguen y siguen con un orgasmo tras otro. Aunque el hombre encuentre esto muy excitante, después de un tiempo puede sentirse como si tuviera que seguir ayudándola a conseguir sus orgasmos, sin que nada consiguiera satisfacerla. Gradualmente, el sexo puede convertirse para ambos en un deber que exige mucho tiempo, y perder su mágico hechizo.

A veces las mujeres en mis seminarios me han dicho que son multiorgasmáticas, y que después de diez o más orgasmos, aún quieren más. Cuando acaban las relaciones sexuales y el hombre llega a su orgasmo, la mujer aún no se siente satisfecha. Esto es insatisfactorio no sólo para ella, sino también para él. El hombre quisiera haberle dado su último orgasmo o al menos haber satisfecho su ansia.

Si una mujer es multiorgasmática, sugiero que en vez de tener muchos orgasmos, tenga un gran orgasmo. Ella puede hacerle saber a su pareja cuándo está a punto de tener el orgasmo para que él aminore la estimulación y la haga retroceder. Si él la retiene varias veces, cuando, por fin, ella llega al orgasmo, puede descubrir felizmente que con uno basta, y no siente deseos de más. Ella está verdaderamente satisfecha.

Ahora, al hablar sobre lo que funciona para el sexo altamente satisfactorio, corro el riesgo de que suene como si un único método fuese el mejor método. Reconozco que es una actitud muy machista. A los hombres les gusta encontrar una fórmula e insistir en ella. Consecuentemente, usar un método puede funcionar para los hombres, pero no funcionar para las mujeres. En el próximo capítulo analizaremos las diferencias entre el sexo mecánico y el espontáneo.

10

Sexo mecánico frente a sexo espontáneo

Otro secreto del sexo altamente satisfactorio es la variedad. La mujer quiere que el sexo sea distinto cada vez. Los hombres no lo entienden porque ellos son muy directos. Un hombre busca encontrar una fórmula que le lleve donde él quiere ir, y si funciona una vez, tiende a repetirla continuamente. Su principal norma de conducta es: «Si no está roto, no lo arregles».

Muchos hombres encuentran frustrante pensar que cada vez deben arriesgarse intentando algo nuevo. Un hombre quiere encontrar una fórmula que funcione siempre, así puede relajarse durante las relaciones sexuales, sintiéndose seguro de que sabe lo que está haciendo. Él se siente cómodo con fórmulas específicas. En cambio, la rutina es para ella siempre un jarro de agua fría.

> *Una mujer se siente mucho más excitada en las relaciones sexuales cuando no sabe lo que su pareja va a hacer. La rutina es un jarro de agua fría.*

No importa lo buena que sea una fórmula sexual, después de que haya sido usada unas cuantas veces llega a ser predecible, rutinaria y finalmente aburrida. Cuando un hombre acaricia su pecho o sus pezones, a menos que ella esté en la cima de la estimulación, la misma caricia una y otra vez puede llegar a ser un poco aburrida. Cambiar ritmos y movimientos puede parecer poco importante para un hombre, pero para una mujer supone una gran diferencia.

Cambiar ritmos y movimientos puede parecer poco
importante para un hombre, pero para una mujer
supone una gran diferencia.

La variación en el movimiento del cuerpo también ayuda a que ella se excite más. Algunas veces él puede estar echado encima de ella, otras es ella la que está encima. También pueden cambiar de lado. Todos estos movimientos le ayudan a dejar de pensar, y sólo siente las sensaciones. Mientras se deja llevar por él, no pregunta por qué la mueve suavemente de tanto en tanto, ya que siente el estremecimiento de la sorpresa. ¿Qué haremos después? Esta anticipación es muy excitante para una mujer.

Sexo y béisbol

Para transmitir de forma cabal lo que excita sexualmente a las mujeres en términos que muchos hombres puedan entenderlo, yo comparo el sexo con el béisbol. Cuando un hombre ve un partido de béisbol, es la anticipación de lo que sucederá lo que hace el partido más excitante. ¿Quién alcanzará la base? ¿Cogerán la pelota? ¿Quién asestará el golpe? ¿Quién puntuará? ¿Quién ganará?

Mientras él mira el juego, su tensión crece y se relaja en cada turno. Cada vez que un jugador alcanza la base, siente que su excitación y su tensión aumentan. Esta tensión se relaja con gritos de entusiasmo cuando el jugador de su equipo se traslada a otra base o puntúa.

No importa lo excitante que haya sido un partido la primera vez, si tú miras una grabación de este partido continuamente, se convertirá en algo predecible y aburrido. De forma similar, cuando un hombre sigue la misma fórmula en las relaciones sexuales, ésta llega a ser aburrida y predecible para su pareja.

A veces, un hombre encuentra una fórmula que funciona sexualmente y la cambia para hacerla más eficaz. En vez de tomarse tiempo para los preliminares va directamente al coito. Eso es algo así como sintonizar un programa deportivo para saber quién ha ganado, en vez de ver el propio partido. Ver brevemente los titulares de un resumen deportivo sobre un partido es divertido, pero no se aproxima a la excitación creciente de estar allí o de ver el partido completo.

Mirar el partido completo hace que el final sea mucho más excitante. De forma similar, los preliminares hacen que el sexo y el orgasmo sean más excitantes para una mujer. No es solamente puntuar lo que la hace sentirse feliz, sino también el desarrollo.

Primer golpe de bate

Para llevar la metáfora más lejos, cuando un hombre empieza a acariciar suavemente el pecho de la mujer con su dedo índice en los preliminares, es como un primer golpe de bate. Cuando él empieza a aproximarse a su pecho, golpea una bola recta. La multitud se excita. Ella se pregunta: «¿Llegará a la base?». Después, en cuanto que se aproxima a su pecho, la engaña retirándose y empezando la caricia de nuevo. Nuestro primer bateador está lejos de la primera base, y la multitud se queja. De pronto, la emoción de la anticipación surge cuando el próximo bateador se dirige al lugar de recepción.

En esta ocasión, en vez de repetir la caricia de la misma forma, puede usar dos dedos en lugar de uno. Este pequeño cambio incrementará su excitación. Es como tener a otro bateador acercándose.

Y se pregunta: ¿llegará a la base?

Por último, a medida que él incrementa la estimulación, puede estar acariciando uno de sus pechos y lamiendo o succionando el otro, para después mover lentamente su mano hacia la vagina. Cumplir esto paso a paso, sin prisas, es tan excitante como tener un partido resuelto: con dos jugadores fuera de competición en la novena entrada, las bases conseguidas y un nuevo bateador.

Posteriormente, cuando logra una carrera y la penetra durante el coito, a la multitud le vuelve loca el que se consigan cuatro carreras en un solo juego.

La magia de los preliminares

Si el hombre retiene este paralelismo entre el sexo y el béisbol, los preliminares adquieren en general una nueva dimensión para él. Empezará a entender verdaderamente por qué los preliminares son tan importantes para ella. Es como si Dios hubiera dado a la mujer un cuerpo circular para recordarle al hombre que moviera sus dedos y sus manos en círculos sobre el cuerpo de ella, en vez de ir directo al grano.

Dios dio a la mujer un cuerpo circular para recordarle al hombre que moviera sus manos y sus dedos en círculo sobre su cuerpo en vez de ir directo al grano.

Las zonas más erógenas de la mujer son tres: los dos pechos y la vagina, para recordarle al hombre que no hay solamente un «punto». Las tres zonas más erógenas son también un recordatorio para que él use sus dos manos y su lengua.

Cuando él usa su mano derecha, algunas veces puede usar un dedo, otras tres. A veces puede trazar caricias sobre su cuerpo con movimientos rectos y en otras ocasiones con movimientos rápidos y ondulantes. A veces su caricia habrá de ser fuerte y firme; y en otras ocasiones extremadamente suave. A veces puede girar sus dedos a derecha e izquierda. Puede llevarlos de arriba abajo. El más mínimo cambio satisface su necesidad de variedad.

Cada uno de los pequeños cambios en su modo de acariciarla satisfará su necesidad de variedad.

Él aumenta el placer de ella si se toma tiempo para excitarla en los preliminares. No se debe olvidar que, como regla general, una mujer necesita unos diez minutos más de preliminares que el hombre. Cuando un hombre se hace mayor, puede necesitar un poco más de preliminares para llegar a estar completamente excitado; mientras que una mujer algunas veces puede requerir menos. Como norma general, un hombre debería recordar que no es lo que hace, sino el tiempo que se toma para hacerlo lo que asegura la satisfacción de ella.

Un hombre debería recordar que no es lo que él hace, sino el tiempo que se toma para hacerlo lo que asegura la satisfacción de una mujer.

Si los preliminares han durado treinta minutos y ella no está a punto de llegar al orgasmo, se puede decir con cierta seguridad que no lo tendrá. Algunas veces, sin embargo, si él insiste más tiempo, ella lo conseguirá. Para que un hombre sepa lo que ha de hacer, es muy provechoso que la mujer le vaya informando de forma clara.

Para que un hombre sepa lo que ha de hacer, es muy provechoso que la mujer le vaya informando de forma clara.

Si se tiene la sensación de que él la ha estado estimulando durante mucho tiempo y el resultado no se ve, pero ella realmente quiere que él continúe, puede decir algo así:

«Esto realmente me gusta muchísimo.»

«Sé que esto lleva mucho tiempo, pero me hace sentirme realmente bien.»

«No quiero que me penetres todavía. Me gusta muchísimo esto».

Además, si él está acariciando el cuerpo de su pareja y ella realmente necesita embeberse y deshacerse silenciosamente en su caricia, él puede no darse cuenta de esto y empezar a tener pánico porque piensa que no está sucediendo nada. Ella puede ayudar de una forma efectiva haciendo alguno de estos comentarios:

«Sé que estoy muy callada, pero esto me gusta con locura.»

«Realmente me gusta lo que estás haciendo. Me ayuda a relajarme y a empezar a sentirme realmente abierta.»

«Oh, esto es precisamente lo que necesitaba.»

Con un breve comentario alentador, al estilo de los anteriores, él puede seguir sin preocuparse por si lo está haciendo mal. Él necesita una información positiva.

Con un breve comentario alentador por parte de ella, un hombre puede seguir sin preocuparse de si lo está haciendo mal.

CÓMO PUEDE UN HOMBRE LLEGAR A SER MÁS ESPONTÁNEO

Como ya hemos comentado, es duro para algunos hombres relajarse durante las relaciones sexuales sin poder confiar en una manera de proceder. Un hombre puede resolver este problema teniendo gran cantidad de fórmulas, y usarlas de forma rotativa. Su fórmula favorita sólo funcionará si en otras ocasiones él usa otras distintas.

De esta forma, un hombre puede usar fórmulas, pero al mismo tiempo dar a la mujer la variedad que ella necesita. Cuando él selecciona y escoge desde una variedad de modelos y técnicas, ella empieza a preguntarse qué hará él después, y él empieza a sentirse seguro de que sabe lo que ha de hacer. Alternando las técnicas de este modo, el hombre automáticamente empezará a crear más técnicas y nuevas formas de aproximación. De esta manera, el sexo mecánico llegará a ser más y más espontáneo y creativo a medida que pase el tiempo.

CÓMO CAMBIA LA PREDISPOSICIÓN SEXUAL DE LA MUJER

Cuando un hombre es menos mecánico, y por lo tanto menos predecible en las relaciones sexuales, la mujer tiene ese día la oportunidad de explorar y expresar una particularísima predisposición sexual. Ella es más capaz de ser espontánea y responder de diferentes formas. Cuando una mujer se siente libre para cambiar constantemente, como el tiempo atmosférico, la expresión de su sexualidad cambia. Si el sexo ha de seguir siendo algo excitante, sus cambios naturales son importantes.

LAS ESTACIONES SEXUALES

De la misma forma que las estaciones cambian, también cambia el sexo aunque continúa siendo interesante. Para que este cambio ocurra de forma natural, una mujer debe sentirse apoyada en el descubrimiento de la expresión diferente de sus deseos sexuales.

El acto sexual para una mujer es un proceso de descubrimiento de lo que le hace sentir bien ese día. Ella no quiere que su pareja siga ningún plan rígido premeditado. Prefiere que el sexo sea como una creación espontánea cada vez, apropiada a cómo se sienta la pareja.

Esto requiere una nueva técnica. Como ya hemos comentado, un hombre instintivamente prefiere fórmulas experimentadas, porque así está seguro de que satisfará a su pareja. Una mujer también quiere que él sepa lo que va a hacer, pero de forma diferente.

Ella quiere que él sepa que su predisposición sexual puede ser diferente cada vez. Quiere que aprenda a descubrir con ella lo que ella desea. Quiere que él sea sensible a su información precisa, la que le servirá a él para llevarla a los estados más altos de excitación, satisfacción y placer.

Para esto, un hombre necesita conocer las bases del sexo gratificante y estar dispuesto a experimentar de forma rotativa sus variadas técnicas. Como un artista, él necesita estar familiarizado con los colores básicos del sexo y luego experimentar con sus diferentes combinaciones a fin de crear una nueva obra de arte. Como un músico, necesita conocer las notas básicas y la combinación de los acordes para crear una bella partitura musical.

> *Como un artista, él necesita estar muy familiarizado*
> *con los colores básicos del sexo y luego experimentar*
> *con sus diferentes combinaciones a fin de crear*
> *una nueva obra de arte.*

Seguir su iniciativa

Cuando un hombre puede tomar la iniciativa en las relaciones sexuales, él deja que su pareja piense menos y sienta más. Esto no quiere decir que ella solamente esté echada allí de forma pasiva. La libertad de relajarse y dejar de pensar sobre lo que pueda suceder le permite fluir en las corrientes y en los ritmos ondulantes de su naturaleza sensual y sexual. Es como bailar al son de un tipo de música muy particular; ella puede moverse y bailar con él al ritmo de su estado de ánimo ese día.

Algunas veces ella puede sentirse como una serpiente enroscándose en su cuerpo, entrelazándose con él y seduciéndole con su carne desnuda. Otras veces, ella puede sentirse como una virgen inocente que experimenta sus caricias por primera vez. O puede empezar fría y reservada para luego, gradualmente, a medida que él acaricia su cuerpo, ser poseída por sus pasiones más tórridas y profundas. Puede sentirse enérgica y decirle que se eche allí mientras hace con él lo que quiera para volverle loco de placer; o, por el contrario, llena de paz, lo acurruca cariñosamente y se deshace en un sentimiento relajante y profundo cuando él la acaricia. Estas diferentes expresiones de su naturaleza sexual no están planificadas ni pensadas, sino que afloran en el mismo instante.

> *Las diferentes expresiones de su naturaleza sexual no*
> *están planificadas ni pensadas, sino que afloran*
> *en el mismo instante.*

Cuando una mujer tiene la libertad de ser espontánea, estas y otras expresiones diferentes surgirán y se manifestarán.

Cuando un hombre se toma tiempo para estimular a una mujer sin ningún tipo de expectativa sobre cómo se supone que ella deba responder, con el tiempo ella se siente cada vez más segura para hacer y expresar lo que siente. Esta expresión sexual desinhibida permite que ella experimente las más altas cotas de éxtasis sexual.

Comunicarse sobre el sexo

Tanto el hombre como la mujer necesitan una información clara y positiva para saber lo que proporciona a sus parejas la más intensa satisfacción. Recomiendo que se tomen una media hora alguna vez, particularmente cuando no se sientan negativos respecto al sexo, y hablen de su experiencia. De hecho, es una buena idea actualizar esta conversación en nuestra relación cada pocos actos sexuales.

Aquí va una lista de preguntas para estimular una conversación informativa:

¿Qué te gusta de tus relaciones sexuales conmigo?

¿Cómo te sentiste cuando yo te hice aquello?

¿Te gustaría tener relaciones sexuales más a menudo?

¿Cuántas veces a la semana te gustaría tener relaciones sexuales?

¿Te gustaría dedicar algunas veces más tiempo a los preliminares?

¿Te gustaría dedicar algunas veces menos tiempo a los preliminares?

¿Hay algo específico que te gustaría que yo hiciera la próxima vez que tengamos relaciones sexuales?

¿Te gustaría que te acariciara de una forma nueva? Si es así, ¿me lo mostrarías?

¿Hay algo nuevo que a ti te gustaría que yo intentase?

¿Hay algo que te gustaría que yo intentase, y que no hayamos hecho nunca en nuestras relaciones sexuales?

¿Hay algo de lo que yo acostumbro a hacer que te gustaría que hiciese más a menudo?

Si no estás teniendo relaciones sexuales o no estás completamente satisfecho de ellas, es conveniente que tengas este tipo de conversación; pero ten cuidado de dejar de lado los sentimientos negativos, las quejas y las críticas. Hablar acerca del sexo es muy, pero que muy delicado.

Lo difícil de hablar sobre nuestras necesidades en la cama es que no queremos de ninguna manera decepcionar a nuestra pareja, pero al mismo tiempo tampoco queremos crear falsas expectativas y tener que hacer aquello que no nos resulta cómodo ni natural. Cuando contestamos a estas preguntas es importante dejar claro que no se está exigiendo más.

No se debería hacer aquello que no te parezca correcto. Cuando tu pareja no parece predispuesta a cosas de las que tú eres partidario, es importantísimo no emitir ningún juicio y aceptar sus sentimientos. Al mismo tiempo, si tu pareja quiere algo que no te parece importante o te parece desagradable al principio, muéstrate abierta. Siempre puedes decir: «Me parece que esto es demasiado para mí; pero estoy tratando de hacerme a la idea».

Una forma de hacerle saber que algo es realmente importante para ti es sacarlo a colación de una forma amigable y no exigente cada vez que tengas esta clase de conversación sobre el sexo. Un secreto del sexo satisfactorio es basarte en tus propias fuerzas y no centrarte en los problemas o en lo que estás echando de menos. Muchos hombres y mujeres me han confesado que después de oír mis cintas sobre sexualidad, se sienten capaces de liberarse automáticamente de algunas ideas «gazmoñas» sobre el sexo y de empezar a disfrutar de los placeres del sexo con alguien a quien ellos quieran.

Un secreto del sexo satisfactorio es basarte en tus propias fuerzas y no centrarte en los problemas o en lo que echas de menos.

En el próximo capítulo analizaremos cómo la monogamia ayuda a mantener las relaciones sexuales vivas y apasionadas.

11

Monogamia apasionada

Para algunos, la idea de tener relaciones sexuales con una persona toda su vida les parece demasiado aburrido. Quieren más excitación. Cuando se aprende la manera de hacer que el sexo sea espontáneo y no mecánico, una idea así no tiene por qué convertirse en algo aburrido. Con el paso del tiempo la experiencia del sexo puede seguir cambiando y la pasión seguir creciendo. No me cabe la menor duda de que el secreto del éxito en mi matrimonio es el compromiso sexual mutuo. Muchos hombres no entienden por qué la monogamia es tan importante. No comprenden instintivamente que la monogamia asegura que una mujer continúa sintiéndose especial y querida. Si ella no se siente querida de esa manera, no puede seguir abriéndose a él. La confianza es esencial para que una mujer continúe excitando a su pareja.

Para un hombre es fácil ser excitado por una mujer por la que él se siente atraído. Lo que ya no es tan automático es mantener esa atracción. No es suficiente para un hombre amar a una mujer. Debe estar seguro de que ella se siente atraída hacia él, que ella está abierta a él. Necesita sentir que la puede hacer feliz.

POR QUÉ LA PASIÓN ES FÁCIL AL PRINCIPIO

Al principio de una relación, cuando ella mira a través de sus ojos y luego de forma casual mira a lo lejos, él recibe un mensaje claro de que podría ser la persona que la hiciera feliz. Esta mirada le da el coraje para arriesgarse a un rechazo o iniciar una relación.

Más tarde, cuando el hombre la ha defraudado varias veces, ella deja de mirarle así, y él deja de sentir que puede hacerla feliz. De pronto, o gradualmente, la atracción se frena. Él puede amarla, pero ya no se siente atraído por ella.

Él puede fantasear sobre tener relaciones con otra mujer, o puede acabar reprimiendo su inclinación sexual. Aún es monógamo, pero no hay pasión. Permanecer prisionero en una relación sin pasión no es una opción que la gente de hoy escoja. Usar técnicas avanzadas de relación tanto en la cama como fuera de ella puede asegurar que la pasión siga viva y que el sexo continúe practicándose para perfeccionarse.

El flujo y el reflujo de la pasión

Es saludable y natural que la ola de la pasión en una relación suba y descienda. De la misma forma que es normal no sentirte enamorado de tu pareja a veces, también lo es no sentirse atraído sexualmente por ella.

De la misma forma que es normal no sentirte enamorado de tu pareja a veces, también lo es no sentirte atraído sexualmente por ella.

Los momentos en que no sientes esa atracción sexual son como los días nublados, cuando el sol no brilla. Un día nublado no significa que el sol no esté allí, solamente significa que está cubierto de forma temporal. Los días nublados son los momentos en los que la tentación llama a nuestras puertas. Cuando la atracción se bloquea en una relación, muchas veces nos sentimos atraídos por otra persona.

Para mantener la posibilidad de que la pasión vuelva a nuestra relación, lo mejor, idealmente, es no dar rienda suelta a nuestras pasiones o fantasías.

A veces me he sorprendido a mí mismo sintiéndome atraído hacia otra mujer. Esto no significa que no quiera a mi esposa. Solamente significa que mi atracción no está centrada plenamente en ella. Se necesitan muchos años de compromiso antes de que las pasiones de un hombre fluyan solamente en la dirección de su pareja.

Cuando un hombre es tentado

Cuando otra mujer me excita, me miro por debajo de la cintura y pienso: «Me complace que todo lo de ahí abajo funcione perfectamente». Entonces señalo en la dirección contraria y digo: «A casa, James».

Esto se llama «disciplina detectivesca».

Nunca me digo a mí mismo que soy malo por sentirme atraído por alguien más, pero tomo esa excitación y la reconduzco hacia mi mujer. Si llego a casa y ha desaparecido, sé que solamente tengo que empezar a usar mis técnicas avanzadas de relación para hacer que ella se sienta amada, feliz y especial. Gradualmente, la atracción siempre vuelve.

Precisamente, conteniendo mis sentimientos sexuales y dirigiéndolos repetidamente hacia mi mujer, yo aumento mi habilidad para sentirme atraído sexualmente por ella. También, controlando mis sentimientos cuando estoy lejos de ella, tengo más control sobre el sexo.

Cuando un hombre puede controlar su pasión

Cuando un hombre puede sentir su pasión y controlarla, una mujer puede empezar a perder el control, liberarse de sus inhibiciones y empezar a sentir realmente sus pasiones. Cuando un hombre aprende a controlar sus pasiones, no solamente ayuda a que su pareja alcance niveles más altos de satisfacción, sino que puede experimentar niveles óptimos de placer sexual y amorosos.

Cuando un hombre puede sentir su pasión y controlarla, una mujer puede empezar a perder el control, liberarse de sus inhibiciones y comenzar a sentir realmente sus pasiones.

Cuando un hombre controla, significa que su pasión es tan fuerte que él podría fácilmente tener un orgasmo, pero en vez de eso se reprime y aumenta gradualmente la pasión de su pareja.

LA IMPORTANCIA DE LA MONOGAMIA PARA EL SEXO SALVAJE Y DESINHIBIDO

Ese control no se ejerce sólo en la cama, sino que alcanza también al mundo exterior. Cuando un hombre está en contacto con sus sentimientos sexuales, pero dirige su energía sexual solamente hacia su pareja, ese control tiene un efecto definitivo sobre ella.

Cada vez que un hombre es tentado por la posibilidad de una aventura sexual y mantiene un compromiso monógamo, está asegurando que su pareja disfrute más con el sexo. Al no dar rienda suelta a sus fantasías respecto a otra mujer, aprende a controlar su energía sexual, de modo que ralentiza su orgasmo y se mantiene más tiempo excitado para ella. Ciertamente, pensamientos e imágenes pueden cruzar por su mente, pero mientras él vuelva a tomar conciencia de su pareja, su pasión y control continuarán creciendo.

Algunos hombres pueden aguantar mucho tiempo, pero tienen poca pasión. Otros tienen una excitación y una pasión tremendas, pero poco control. Una vez comienzan, acaban rápidamente. Eyaculan y tienen un orgasmo, pero eso no es un orgasmo corporal pleno. Usar las técnicas de polaridad sexual puede ayudar a un hombre a que aguante más tiempo, pero después de años de monogamia apasionada, él tendrá más control de forma automática.

CÓMO UNA MUJER PUEDE AYUDAR A UN HOMBRE A QUE AGUANTE MÁS TIEMPO

De la misma forma que un hombre influye en la habilidad de una mujer para perder el control y volverse loca de placer, la confianza y la habilidad de una mujer a la hora de abrirse a su pareja y ser receptiva a su amor y a sus caricias puede ayudar a un hombre a controlarse.

Cuando una mujer está capacitada para abandonarse y recibir plenamente a un hombre, éste puede fácilmente mantener el control mientras siente que la pasión aumenta. Cuando ella es capaz de relajarse, recibir sus caricias amorosas y disfrutar de ellas, él puede aguantar más y continuar dando mientras ella está recibiendo plenamente.

Si, por el contrario, ella intenta tomar las riendas del control y empieza a excitarlo, puede, sin querer, hacer que él pierda el control o la excitación. Si cuando él está centrado en excitarla, ella trata de excitarlo a él en vez de dejar que él la excite, puede, de hecho, bloquear el fluido de su energía hacia sí misma y ser la causa de que él tenga un orgasmo antes de que ella esté preparada para el suyo.

Cuando las reacciones sexuales de ella son una respuesta a las de él, antes que un intento de excitarle, el hombre puede desarrollar su pasión controlada. Pero cuando sus respuestas no son reacciones naturales a sus hábiles caricias, él no siente la expansión de su pasión y puede perder el control de repente. O bien él se excita demasiado y eyacula, o pierde la excitación. En ambos casos, ni él ni ella sabrán lo que ha pasado. Que ella muestre una excitación exagerada en respuesta a sus caricias puede ser para él como un jarro de agua fría.

REPETIR EL 4 DE JULIO

Una noche, Donald y Connie tuvieron unas relaciones sexuales espléndidas, fantásticas, memorables. Después, Donald le dijo a ella lo mucho que había disfrutado, particularmente con la manera en que ella se había movido cuando estaba encima de él. Sintió que la había vuelto loca de placer, y después de un rato todo lo que tuvo que hacer fue permanecer echado mientras su compañera expresaba libremente su pasión.

Dos días después, mientras tenían relaciones sexuales, ella empezó a hacer enseguida los mismos movimientos de aquel día. No obstante, en esa ocasión fue como un jarro de agua fría para él, aunque ella estaba repitiendo lo que antes tanto le había gustado.

Él no entendió al principio qué es lo que había ido mal. Se dio cuenta de que la vez anterior, cuando él había disfrutado tanto, sus movimientos eran el resultado espontáneo de las caricias que él le hacía. La vez siguiente, ella lo hizo de forma mecánica para excitarlo a él, y por eso es por lo que no funcionó. Sus movimientos apasionados y sus sentimientos no fueron una respuesta automática a sus caricias, sino un intento amoroso de complacerle de nuevo.

Inocente, ella estuvo haciendo lo que sabía que a él le había gustado antes. Después de comentarlo, Connie se dio cuenta de que lo mejor para excitar a Donald sería reaccionar de forma expresiva y natural, sincera, sobre todo cuando él estuviera tratando de excitarla. Este conocimiento le dio libertad para atender con mayor intensidad aún a sus respuestas sexuales auténticas.

EQUILIBRIO DE PLACERES

Cuando un hombre sabe que está a punto de tener un orgasmo antes de que ella esté preparada, puede fácilmente recuperar el control reduciendo su excitación e incrementando la de ella. Si centra su atención en ella y evita que su compañera se interese en darle a él más placer, podrá empezar a incrementar el suyo. El hombre recupera su control cuando la mujer empieza a recibir más placer que él.

Durante el coito, él puede recuperar su control algunas veces sin tener que salir de ella estimulando directamente su clítoris. Otras veces, puede hacer que se ponga encima de él y cogiéndola un momento por las caderas estimular también su clítoris. Su control volverá cuando ella esté más ensimismada y él empiece a relajarse.

En ocasiones el hombre piensa que una vez que está dentro de una mujer, si es realmente un hombre debe seguir empujando y sumergirse profundamente dentro de ella. Eso es algo que está bastante lejos de la verdad. Una mujer valora poder excitar a un hombre hasta el punto que él empiece a perder el control: eso también la excita a ella. Cuando él necesita hacer una pausa y suspender la penetración, ella se siente feliz de haberlo excitado y percibe que es considerado con ella. Su ralentización para equilibrar su energía y placer con los de ella es un signo de gran habilidad y control, y tiene el efecto de incrementar el placer de ella.

Sin una comprensión de lo que experimenta ella, él puede sentirse fuera de lugar e incapaz de controlarse porque será incapaz de continuar con el ritmo de la penetración. Ella, sin embargo, se sentirá feliz de que él tenga tanto control que pueda ir más despacio por ella.

Si él siente tanta tensión en sus genitales que no puede continuar con el coito sin tener un orgasmo antes que ella, debería ir más despacio, o bien echarse sosegadamente a su lado durante unos minutos para calmarse, o salir suavemente y continuar estimulando a su pareja.

Siempre que la esté penetrando y él empiece a perder el control, es, por lo general, un signo de que ella no puede seguirle. A veces, para dar la impresión de que le sigue, ella intensificará su pasión, esperando complacerlo para alcanzarlo. En este punto, él tenderá a perder el control por completo y a eyacular demasiado pronto. Ni él ni ella se sienten bien cuando esto sucede.

Se cometen errores, y ciertamente nosotros nunca deberíamos esperar que los encuentros sexuales rayaran cada vez la perfección. Cuando un hombre llega ocasionalmente al orgasmo antes que una mujer, en vez de sentirse mal, puede hacer una anotación mental para asegurarse de que en la próxima ocasión él procurará que ella llegue al orgasmo antes que él.

Él podría decir, amablemente:

«Te debo una, querida.»

«Estabas demasiado irresistible esta noche; la próxima vez te aseguro que conseguirás el tuyo.»

«Te quiero, cariño. La próxima vez seré todito para ti.»

Después de esto, lo mejor es no hablar mucho sobre lo ocurrido y comportarse como si nada hubiera pasado. Si él parece defraudado y enfadado, lo mejor que ella puede hacer es actuar como si la cosa no tuviera la más mínima importancia y dejarlo solo un rato. Si es ella, sin embargo, la que está defraudada y siente la necesidad de tener un orgasmo inmediatamente, puede simplemente empezar a acariciarse y llegar al clímax mientras él la abraza y la ayuda acariciándola y estimulándola a su vez.

CUANDO UN HOMBRE NO CONSIGUE UNA ERECCIÓN

De igual modo que un hombre puede perder fácilmente el control, también puede ocurrirle que no consiga una erección de forma inmediata. Por experiencia, en ambos casos la solución es la misma. Él debería centrarse más en el placer de ella. A medida que el placer de su compañera aumenta y pierde el control, él recupera el suyo. Las parejas, por lo general, cometen el mismo error al centrarse en el hombre como si éste tuviese un problema. Cuanto más se centra la mujer en tratar de ponerle duro, más difícil se hace conseguirlo.

Cuando un hombre no consigue una erección o tiene dificultades para mantener el control, simplemente debería centrarse más en el placer de ella.

Aunque algunas veces puede ser útil pedir ayuda a un consejero matrimonial lo mejor es, en primer lugar, pasar por alto la falta de control del hombre cuando esto sucede y centrarse en la forma en que él pueda ayudarla a que se sienta amada en la relación. Así pues, cuando se vuelva al sexo, ambos pueden centrarse, de momento, en la satisfacción de ella, sin depender de su erección.

Hay una inmensa cantidad de placer que puede ser compartida sexualmente sin la erección del hombre. La mejor solución es, repito, centrarse en qué técnicas puede usar él para excitarla hábilmente. De modo automático, la erección regresará.

Aunque es importante no ser mecánico en las relaciones sexuales, también lo es entender en términos muy precisos los mecanismos básicos del sexo. En el próximo capítulo analizaremos nuestras diferentes anatomías sexuales y las formas distintas de estimularnos unos a otros satisfactoriamente.

12
Anatomía sexual y sexo oral

Debido a que acariciar el clítoris es tan importante para la satisfacción de la mujer, y que éste es tan pequeño que a veces pasa inadvertido, me gustaría detenerme un momento para repasar algunos conceptos básicos sobre la anatomía de la mujer. El término «vulva» describe los órganos genitales femeninos externos, incluyendo los labios mayores, los menores, el clítoris y la entrada de la vagina.

Los labios mayores constituyen otro juego de labios. Están por fuera de los menores, que son los pliegues de carne más pequeños dentro de los labios externos. Ambos juegos de labios contienen miles de fibras nerviosas delicadas que los atraviesan de arriba abajo, los cuales, cuando son dulcemente acariciados, producen la mayor estimulación, placer y satisfacción.

En el límite inferior de los labios está la vagina, que es el canal donde el hombre inserta su pene para penetrar en la mujer. En el límite superior está el clítoris. Debido a que es tan pequeño y a que el hombre no lo posee, éste no se da cuenta de lo placentero, de lo delicioso que es, para una mujer, que él lo acaricie. Como norma general, es importante que el hombre recuerde que ha de ir al norte antes de bajar al sur.

Es muy importante que el hombre visite el norte antes de desplazarse al sur.

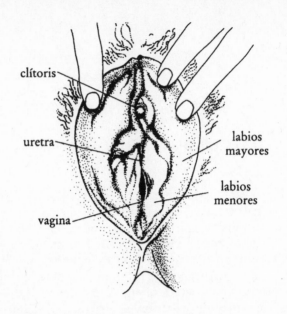

clítoris

uretra

vagina

labios
mayores

labios
menores

ACARICIANDO EL CLÍTORIS

El clítoris está parcialmente cubierto por una pequeña capucha de piel. Cuando una mujer se excita, el clítoris tiene
una erección. Como en el caso del pene, cuanto más erecto,
más desea ser acariciado.

Cuando una mujer está muy excitada, un hombre puede
estimularla aún más intensamente presionando con los dedos
el clítoris hacia el norte y después retirándolos, dejándolo
abiertamente expuesto. Esto, sin embargo, debe hacerse con
mucha precaución. Si el clítoris es acariciado con demasiada
presión o demasiado pronto, aunque ella esté predispuesta a
tener un orgasmo, puede que no sea capaz de conseguirlo.
Demasiada presión puede entumecer sus sensaciones.

Los hombres deberían procurar hacer caricias de pluma
en esa zona. Cuando la mujer las quiere más fuertes ella puede hacérselo saber subiendo la pelvis o poniendo su mano en
la de él y apretándola con más fuerza.

Mientras acaricia los genitales de una mujer, un hombre necesita recordar, de tanto en tanto, que ha de ir variando el modo como abordarla. En vez de usar el mismo dedo, emplear otro. Después, usar dos; y más tarde, tres. Ocasionalmente, puede usarse la palma a medida que, dulce pero firmemente, se hace un barrido de sur a norte.

A veces es buena idea coger una almohada y planear acampar allí abajo durante un cuarto de hora enterito. Habrías de resignarte al hecho de que, durante un buen rato, no vas a irte a ningún sitio. Tomándolo con esa relajación, puedes experimentar alguna de estas sugerencias.

Comienza por la cara interior de los muslos, ascendiendo hacia los labios. Frota arriba y abajo los labios. Recoge el flujo secretado por la vagina y, con los dedos, llévalo hacia el clítoris. Rodea gentilmente el clítoris, asegurándote siempre de que esté bien lubricado, para que la fricción no resulte dolorosa. Con tacto, y rítmicamente, muévelo hacia arriba y hacia abajo. Después de un rato, muévelo hacia atrás y hacia adelante, y luego arriba y abajo de nuevo.

Intenta moverte al ritmo de su respiración. A medida que se excita más, aumenta el ritmo. Entonces relájate. Aumenta y mejora, sin prisa, no has de ir a ningún sitio. Si ella está estimulando tu pene puedes acompasar tu ritmo al de ella.

Después de moverte en todas las direcciones, comienza a trazar círculos alrededor del clítoris. Primero hacia la derecha y luego hacia la izquierda. Al principio en un amplio radio, después más estrecho. Pásate a las espirales. Traza una que vaya desde un círculo enorme que rodee la vulva hasta el más pequeño que rodee el clítoris. Después de trazar durante un tiempo pocos y precisos círculos alrededor de la cabeza del clítoris, puedes comenzar a hacerlos más grandes.

Cuando retires la capucha del clítoris, en vez de tocarlo directamente, puedes acariciar, de arriba abajo, los nervios que bajan hasta el clítoris. Algunos movimientos que se aparten del ritmo, o que no parezcan venir a cuento, pueden ser muy estimulantes para ella.

Mientras pruebas distintos movimientos, debes prestar atención a sus respuestas para saber qué es lo que mejor funciona ese día y repetirlo más veces. Juega con el movimiento. Haz variaciones y luego vuelve al principio. Incluso una caricia exitosa puede volverse aburrida si abusas de ella. Sin embargo, una vez que tu pareja esté muy excitada, mantener un movimiento firme y consistente puede ayudarla a alcanzar mayores cotas de placer.

Una vez que tu pareja esté muy excitada, mantener un movimiento firme y consistente puede ayudarla a alcanzar mayores cotas de placer.

Mientras acaricias el clítoris, puedes intentar trazar las caricias con dos dedos sobre su clítoris, como si estuvieras escribiendo el alfabeto. Comprueba si ciertas letras obtienen una mejor respuesta.

Cuando se te cansen los dedos, puedes relajar la mano y usar tu lengua. A ella le encantará. Le provocará una sensación completamente diferente. Y si tu pareja está muy excitada, aletear con tu lengua sobre su clítoris puede ser muy excitante para ella.

SEXO ORAL PARA LAS MUJERES

Recuerdo claramente la primera vez que practiqué el sexo oral con una mujer. Después de ser un monje célibe durante nueve años, estaba a punto de tener un encuentro sexual con una mujer cuando ella me dijo: «Bueno, antes de que me penetres, me encantaría que primero me lamieras el clítoris: me vuelve loca».

Yo me quedé de piedra. Esa expresión reverberaba dentro de mi cabeza: «lamer mi clítoris». Yo ni siquiera sabía que se podía practicar el sexo oral con las mujeres. Era un pensamiento que no me entraba en la cabeza.

Aún recuerdo aquel momento. Cuando me incliné sobre ella, me sentí como si tratara de inhalar tanto aire como pudiera y después sumergirme hasta el fondo de la piscina. Recuerdo sus palabras: «Me vuelve loca». Aquellas palabras me animaron lo suficiente como para seguir adelante.

Una vez que estuve abajo, descubrí la gran alegría de satisfacer a una mujer con la lengua. A ella le encantaba, no me mintió, y todas las veces que lo he practicado con otras mujeres, les ha gustado. No se trata de que una mujer desee ser lamida cada vez, pero ella aprecia enormemente que él lo haga de tanto en tanto. Un hombre puede sentirse más cómodo practicando el sexo oral con una mujer cuando se da cuenta de que, en la medida en que la mujer sea limpia y saludable, lamer sus secreciones vaginales no entraña riesgo sanitario alguno. En efecto, en el Lejano Oriente las secreciones vaginales fueron tenidas por el elixir de la inmortalidad.

Si, con todo, un hombre no se siente cómodo lamiendo sus fluidos, él puede usar su lengua y su propia saliva, renunciando a beber sus secreciones.

Mientras le lame con su lengua puede hacerlo del mismo modo como la acariciaría. La ventaja añadida de la caricia es que la sensación, para ella, es muy suave y lubricada. Para provocar otra sensación, él puede succionar el clítoris dentro de su boca y aletear con su lengua sobre él, o simplemente succionarlo y moverlo hacia atrás y hacia adelante.

A veces, mientras le lame o succiona el clítoris, el hombre puede introducir delicadamente uno o dos dedos en la vagina y moverlos lentamente hacia dentro y hacia fuera. Esto puede añadir más placer a su experiencia. Penetrando en ella así, él puede estimular otro punto que algunos investigadores sexuales llaman el Punto G, ubicado a unos cinco centímetros en el interior, y hacia la parte frontal, más que hacia la posterior, de la vagina. Frotar el Punto G puede añadir otra dimensión a su excitación.

Sexo oral para los hombres

El sexo oral es una de las pocas formas en que una mujer puede ofrecer su amor a un hombre. El sexo oral puede ser

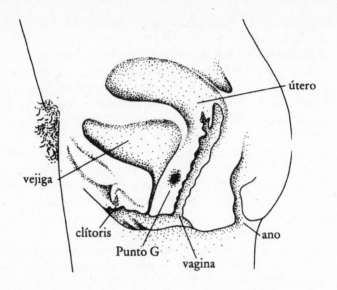

vejiga

útero

clítoris

Punto G

vagina

ano

un bello regalo de su amor por él, o bien puede dejarla con un fuerte sentimiento de contrariedad. Cuando se dominan ciertos temas básicos del sexo oral para las mujeres, a éstas les resulta más fácil disfrutar concediendo este regalo especial.

El primer tema tiene que ver con algo que los hombres hacen en cualquier parte del mundo. A pesar de lo que haya enseñado en mis seminarios, he oído a mujeres de diferentes culturas quejarse repetidamente de algo que no les gusta del sexo oral cuando el hombre comienza a tener un orgasmo.

Por lo general, el hombre toma con sus manos la cabeza de la mujer y la empuja hacia su vientre. Eso no parece gustarle a ella ya que no se siente cómoda. Hasta ese momento la mujer piensa que le está ofreciendo al hombre que ama un regalo muy especial y placentero. Luego, cuando él la coge por la cabeza hacia sí, ella comienza a sentir como si la utilizara, la usara, arruinando el regalo que ella le estaba entregando.

Si un hombre quiere que la mujer continúe proporcionándole ese regalo que es un tesoro, lo único que ha de hacer es dejar quietas sus manos. Un hombre no es consciente de su propia fortaleza en el momento del orgasmo. Es como si le atravesaran un trueno y un rayo, y eso puede asustarla.

Otra de las quejas de las mujeres es que él espera que cuando se corra en su boca, ella se trague el semen. Es agradable que se lo trague, desde luego; pero no debe molestarle al hombre que no lo haga. Se trata de sus preferencias y sus opciones. Él no debería esperar que ella lo hiciera.

La posibilidad de contraer el virus del sida ha hecho que los consejeros sexuales consideren el hecho de tragarse el semen una práctica de alto riesgo. Un hombre debería ser muy respetuoso y sensible respecto a cuáles puedan ser los sentimientos de su pareja a este respecto. No obstante, si ella decide tragárselo, siempre que él esté sano y no sea portador del virus del sida, no hay ningún riesgo para su salud.

Otra cuestión que concurre durante el sexo oral y que lo hace incómodo para la mujer es el dolor de mandíbulas. Después de un rato de estar succionando el pene de un hombre, moviéndose arriba y abajo sobre él, sus mandíbulas pueden empezar a dolerle. Mientras él gime de placer, ella también gime, ¡pero de dolor!

Practicar el sexo oral sin hacerse daño

El sexo oral debería ser una experiencia positiva para una mujer cada vez que lo hiciera. No hay ninguna necesidad de que sufra mientras lo realiza. Puede hacerse de una manera cómoda y fácil. Los hombres disponen de un mecanismo automático que lo hace todo más fácil para la mujer. Coincidiendo con el momento en que la mandíbula comienza a doler o a cansarse, todos los hombres, en cualquier parte del mundo, echarán hacia atrás su cabeza, cerrarán los ojos y sacudirán la cabeza, como en un éxtasis, de un lado a otro. Cuando una mujer se percata de ello, puede sacarse el pene de la boca, dejar descansar sus mandíbulas y seguir con la mano. Él no notará la diferencia.

Pasado un rato, cuando él se percate, mirará para ver qué está haciendo ella. En ese momento, puede volver a introducirse el pene en la boca, y él volverá a su transporte. Pasado otro rato, él empezará a apreciar también todo lo que ella puede hacer con la mano.

FRICCIÓN Y COMPRESIÓN

Básicamente, hay dos modos de estimular el pene: la fricción y la compresión. La fricción se genera frotando de arriba abajo; y la compresión se crea al apretar el pene con toda la mano, retorcerlo y después liberarlo. De igual modo que es muy excitante para él que ella lo mueva de arriba abajo, también es excitante cuando ella lo exprime y luego lo libera. Generalmente, un hombre es muy feliz con cualquier cosa que una mujer haga cuando está estimulándole el pene; pero hay algunos movimientos que pueden volverle loco de placer. Mientras una mujer deja descansar su mandíbula, puede empezar con el tradicional sube y baja manual.

ARRIBA Y ABAJO, CUBRIENDO LA CIMA, EXPRIMIR Y LIBERAR

Después de un rato, ella puede comenzar a añadir variaciones en el movimiento, la presión, la tenaza y el ritmo. Podría entonces pasar del sube y baja hasta la cima del glande: llevando la mano hasta la cima para copar su pene. Entonces, en vez de bajar de nuevo, ella vuelve a la cima y luego desciende por el otro lado; y lo repite durante un rato.

A medida que su placer se incrementa, ella puede agarrar su pene y retorcerlo, liberarlo, retorcerlo y liberarlo repetidamente. Ese es el momento en que ella puede comenzar de nuevo y acercar su boca al pene, protegiéndolo de sus dientes con los labios y succionando al tiempo que se mueve de arriba abajo.

A veces puede ir lenta y luego acelerar. Mientras sube y baja con su boca, ella también puede coger el pene por la base del fuste con la mano. Así, cuando suba la boca, la mano puede seguir el mismo camino; e, igualmente, cuando baje la mano, la boca seguirá idéntico camino.

Mientras descansa las mandíbulas, puede recurrir al sube y baja manual sin presionar excesivamente, pero con rapidez. Ese movimiento acelerado le ayuda, de hecho, a controlar mejor la eyaculación, porque es menos intenso que el coito vaginal.

Si ella quiere incrementar la intensidad, puede retorcérselo más a medida que sube y baja. Otro secreto es mantener el pene bien lubricado con saliva. Igual que un hombre no estimularía un clítoris seco, una mujer debería tener cuidado de mantener el pene bien lubricado con saliva para no crear una fricción agresiva.

Otro movimiento básico que ella puede utilizar ocasionalmente, junto al sube y baja, el copar la cima del glande y el retorcimiento y la liberación, es el movimiento de garra. Teniendo el pene bien sujeto, y usando un movimiento de muñeca hacia atrás y hacia adelante, ella puede provocar una sensación nueva al combinar este último movimiento con el tradicional sube y baja. El efecto es el de retorcer mientras sube y deshacer el retorcimiento mientras baja.

Cuando sostiene su pene desde arriba, puede imaginar que está abriendo la tapa de un bote. Con ese movimiento retorcido ella le proporciona una clase distinta de estimulación. Y no sólo él se estimula, sino que ella también se divierte.

EXTENDIENDO EL PLACER

Una vez que ella le ha estimulado el pene durante un buen rato, el resto de su cuerpo deviene mucho más sensual. Para aumentar su placer ella puede comenzar por extender el placer por todo su cuerpo.

En la medida en que su pene es estimulado, el resto de sus genitales y de su cuerpo también se excita y quiere ser acariciado. Mientras ella sostiene y presiona su pene con la mano, puede comenzar a lamer sus testículos. Esto puede volverle loco.

Entonces ella puede pretender relajarlo lamiendo muy lentamente, de arriba abajo, el fuste del pene erecto. Con esto, podrá enfriarlo levemente y, sin embargo, continuar satisfaciéndolo mucho.

Sosteniendo firmemente su pene con la mano, ella puede mover su cabeza hacia la parte superior de su cuerpo, lamiéndolo por completo, mordiendo dulcemente sus pezones y también besándolo apasionadamente.

El borde de la cabeza del pene es también un área específica que requiere estimulación. Puede estimularlo casi del mismo modo que a ella le gustaría que su clítoris fuera acariciado o lamido. Después la mujer puede cambiar e intensificar la presión.

De igual modo que un hombre necesita que lo animen, también lo precisa la mujer. Cuando ella está haciendo algo que a él le gusta, sería bueno que dijera algo así: «Me encanta lo que me estás haciendo». Varios gemidos placenteros pueden indicarle a ella, también, qué es lo que a él más le gusta.

Otra área muy sensitiva es el perineo, un punto a medio camino entre la base del pene y el ano. Este punto es una terminación nerviosa para todo el cuerpo. Cuando es lamido dulcemente, estrujado o apretado firmemente, puede hacer subir al hombre a un nivel de placer completamente nuevo.

Cuando un hombre está muy excitado, ella puede intensificar su placer y darle mayor capacidad de control empujando firmemente en toda el área del perineo con la palma de su mano. Presionarle así cuando está cerca del orgasmo puede ser increíblemente satisfactorio para él.

Sexo oral simultáneo

Si a las mujeres les gusta que practiquen con ellas el sexo oral, a los hombres todavía les gusta más. El sexo oral simultáneo es también muy excitante para la mayoría de los hombres. Aun cuando sea divertido hacerlo, un hombre ha de recordar que, particularmente para una mujer, que suele dar tanto a lo largo de su vida, es duro dar y recibir al mismo tiempo. Para que ella disfrute recibiendo, ha de concentrarse en su propio placer, no en el de él. Por lo tanto el sexo oral simultáneo no es siempre tan gratificante para ella como lo es para él ya que, a veces, suele ser demasiado intenso para una mujer; en otras, puede ser lo que más desee. Ha de hacerse, pues, en el momento oportuno. Él no debe intentar practicar el sexo oral continuamente. El hombre ha de recordar que la variedad es muy importante para las mujeres.

De igual modo que es muy excitante e importante para un hombre el que la mujer practique el sexo oral con él, el sentimiento amoroso es también muy excitante para las mujeres. En el sexo oral, una mujer consigue relajarse y sentirse amada justo cuando él es más vulnerable. Es el momento de recibir, después de todos sus esfuerzos por dar. De idéntico modo, el sentimiento amoroso es el modo como el hombre puede hacer patente a una mujer que la ama y que aprecia sus esfuerzos.

En el próximo capítulo abordaremos diferentes rituales para conseguir que el enamoramiento dure eternamente.

13

Mantener viva la magia del enamoramiento

Mientras que los hombres están hambrientos de sexo gratificante, las mujeres desean sobre todo el enamoramiento. Incluso la ejecutiva segura de sí misma, que sabe lo que quiere y que tiene poder, valora altamente el sentimiento amoroso. El amor tiene un efecto mágico sobre las mujeres, en todo el mundo.

Las mujeres gastan miles de millones de dólares al año en la adquisición de novelas románticas. Para satisfacer la necesidad de enamoramiento que tiene la mujer, lo primero que necesita comprender el hombre es qué es el sentimiento romántico. Recibir cartas, flores y pequeños regalos; noches de luna llena; decisiones espontáneas; y devorar el hechizo del amor.

No es que a los hombres no les gusten las relaciones románticas. Lo que ocurre es que el hombre no acaba de captar por qué eso es tan importante. Él está contento de ser romántico al principio, para hacerle ver a ella lo especial que es para él; pero una vez que se ha comportado románticamente, no se da cuenta, por sí mismo, por qué ha de seguir comportándose así.

Con toda probabilidad si él hubiera contemplado a su padre comportarse de forma romántica con su madre, esto no sería, ahora, una habilidad que tiene que aprender.

LA MAGIA DE COMPRAR FLORES

Recuerdo una vez que le pedí a mi mujer que escogiera para ella unas flores en la tienda. Yo sabía que a las mujeres les gustan los ramos de flores, pero después de un rato me preguntaba por qué había de seguir regalándoselos. Después de todo, se me ocurrió pensar, ella misma podría escogerlas fácilmente mientras hacía la compra.

Para Bonnie, este tipo de razonamientos no era en absoluto romántico. Después de descubrir la importancia que tenía comprarle flores, fui capaz de comprender la importancia de los gestos románticos.

Para sentirse cortejada, una mujer no quiere comprarse ella misma sus propias flores: quiere que se las regale su amante. No quiere ni siquiera pedirlas. Si tiene que hacerlo, ya no lo considera un gesto romántico.

Comprar flores por propia iniciativa es un símbolo de que el hombre se preocupa por ella y de que comprende sus necesidades. Este tipo de rituales es una parte fundamental de la relación amorosa.

Comprar flores por propia iniciativa es un símbolo de que el hombre se preocupa por ella y de que comprende sus necesidades.

Ella no quiere una planta, sino un ramo de flores que no tardará más de cinco días en volverse mustio. ¿Por qué cortar flores? ¡Para que, en el plazo de cinco días, él tenga que salir a comprarle más para probar que la ama!

Comprar una planta no es romántico. Es una cosa más de las que ella deberá encargarse.

Cómo una mujer puede ayudarlo a ser romántico

Cuando me olvido de comprar flores, Bonnie a veces me lo recuerda. En vez de comprarlas ella o de pedirme que yo lo haga, lo que hace es poner los jarrones vacíos bien a la vista. De ese modo yo me percato, tomo nota y quedo estupendamente trayendo flores nuevas.

Con ello, yo me siento encantador y atrevido, y ella mucho más contenta y feliz. Si los jarrones continúan vacíos y yo no me doy cuenta de ello, antes de comprar las flores ella misma, siempre me pide que lo haga.

Aunque esto último no es nada romántico, ella agradece igualmente las flores y yo me siento más cerca de mi mujer por habérselas traído. De nuevo, al comprobar lo feliz que la hacen las flores, vuelvo a recordar que debo comprarlas más a menudo.

POR QUÉ FUNCIONA EL ROMANTICISMO

Cuando un hombre planea una cita, saca las entradas del espectáculo al que van a asistir, conduce el coche y se preocupa hasta de los más mínimos detalles, está comportándose románticamente. Cuando asume la responsabilidad de encargarse de las cosas, permite a la mujer relajarse y disfrutar sintiéndose cuidada. Es como una minivacación que le permite reencontrarse con su lado más femenino.

> *El proceso amoroso es como una minivacación*
> *que le permite a la mujer reencontrarse con su*
> *lado más femenino.*

Los momentos románticos son de mucha ayuda para las mujeres que no se sienten cómodas compartiendo sus sentimientos. En una cita romántica, sin verse obligada a hablar de sus sentimientos, una mujer puede sentirse reconocida, adorada, comprendida y apoyada. Recibe los beneficios de la conversación sin tener que conversar ella.

La conducta romántica de un hombre expresa elocuentemente que él la reconoce, y, anticipándose a sus deseos, indica que la comprende y la respeta. Este tipo de acciones le proporciona el mismo apoyo que la conversación. En ambos casos, ella se siente escuchada.

Por qué el romanticismo es tan importante

La conducta romántica es tan importante hoy en día porque ayuda a la mujer a reencontrarse con su lado femenino. Durante la mayor parte del día, ella está realizando un trabajo típicamente masculino que requiere de ella poner de manifiesto ese lado masculino de su personalidad. Para desquitarse, necesita que su pareja la ayude a volver a su lado femenino.

La relación romántica coloca a la mujer en el papel femenino de ser especial y mimada. Cuando un hombre se centra apasionadamente en satisfacer sus necesidades, ella es capaz de abandonar su inclinación a encargarse de los demás. Para que la relación romántica se mantenga viva se necesita, de hecho, que haya una muy buena comunicación.

Amor y comunicación

Para que el amor prospere, una mujer necesita sentirse escuchada y comprendida día a día. Al comienzo de una relación, la mujer no conoce realmente al hombre, y puede imaginar que ella es verdaderamente contemplada, comprendida y valorada. Este sentimiento positivo es el terreno fértil para la pasión y el amor. Después de algunos desacuerdos, no obstante, este mágico hechizo se rompe.

Cuando un hombre no está entrenado en la habilidad de escuchar y comprender a una mujer; o cuando la mujer se resiste a compartir los sentimientos que naturalmente experimenta, ella puede sentirse desdeñada y sus sentimientos se enfrían, aunque ni siquiera sepa, por lo general, que ha sucedido. Él puede hacer románticas oberturas, pero ya no compartirán el mismo sentimiento mágico. Incluso los ramos de flores pierden su poder si una mujer no se siente escuchada día a día.

Hablar es una de las principales necesidades femeninas. Yo desarrollo completamente esta habilidad para relacionarse en mis otros libros sobre relaciones y comunicación. Crear rituales románticos que signifiquen «Te quiero y me preocuparé por ti», puede ser una excelente vía para comunicar el amor sin palabras. Con el apoyo del amor, la comunicación es mucho más fácil.

CREAR RITUALES ROMÁNTICOS

En mi relación con Bonnie tenemos varios rituales que alimentan su lado femenino y reafirman mi lado masculino. Los rituales románticos son simples acciones que reconocen que él se preocupa de ella y que ella le aprecia. Aquí va un ejemplo.

> *Los rituales románticos son simples acciones que reconocen que él se preocupa de ella y que ella lo aprecia.*

En tanto que escritor, tengo un despacho en casa. Cuando la oigo llegar a casa durante el día, suelo pararme, dejarlo todo y salir a su encuentro. La recibo con un gran abrazo. Al igual que traerle flores, este ritual crea en ella el sentimiento de que yo me preocupo por ella y de que, en definitiva, ella es amada. Cuando a ella se le ilumina el alma tras recibirla de ese modo, también yo me siento amado y apreciado.

Si yo me olvido de recibirla así, ella me buscará, no siempre inmediatamente, y me pedirá ese abrazo, y apreciará que yo se lo dé.

A muchas mujeres, la idea de tener que pedir un abrazo les resulta paradójica. Un abrazo consigue que ella se sienta apoyada. Tener que pedirlo confirma, por otro lado, que ella no tiene ese apoyo. Ciertamente, es más romántico que el hombre se ofrezca para dar ese abrazo, pero si se olvida, siempre es mejor pedirlo que no echarlo de menos y sentirse resentida.

> *Es más romántico que el hombre se ofrezca para dar ese abrazo; pero si se olvida, siempre es mejor pedirlo que sentirse resentida.*

Pedir amor: el gran paso

Recuerdo la primera vez que Bonnie me pidió que la abrazara. Marcó un punto y aparte en nuestra relación. En vez de sentirse resentida porque yo me olvidaba de hacerlo, ella prefirió pedírmelo.

Fue un regalo de amor que ella me hizo. Comenzó a comprender que el camino para amarme mejor consistía en ayudarme a tener éxito en amarla a ella. Esta es una importante y avanzada habilidad para las relaciones interpersonales.

El día que ella me pidió que la abrazara, yo estaba de pie en el vestidor, mientras ella suspiraba para hacerme entender lo agotada que estaba. Decía: «¡Oh, qué día he tenido!».

Entonces, inhaló profundamente y suspiró de forma bien notoria al exhalar el aire. Con su actitud, lo que ella estaba pidiendo era que yo la abrazara, pero a mí, sin embargo, me pareció que ella estaba cansada y que probablemente prefería quedarse sola.

En vez de sentirse resentida por el hecho de que yo no me hubiera percatado de su intención, ella dio el gran paso al pedirme lo que quería, por obvio que fuera.

Dijo: «John, ¿me darías un abrazo fuerte, muy fuerte?».

Mi respuesta fue inmediata. «Por supuesto». Me fui derecho hacia ella y se lo di.

Bonnie volvió a suspirar, esta vez en mis brazos, y me lo agradeció. «Siempre que quieras», le dije yo.

Chasqueó la lengua y sonrió. «¿Qué?», le pregunté.

Bonnie dijo: «No tienes ni idea de lo difícil que ha sido pedirte este abrazo».

Yo respondí: «¿De verdad? ¿Y por qué ha de ser difícil? Yo siempre estoy deseando abrazarte, si tú quieres».

Ella dijo: «Lo sé. Pero resulta algo humillante tener que pedirlo. Tengo la sensación de que estoy pidiendo que me amen. Y lo que yo quiero es sentir que tú estás deseando abrazarme tanto como yo a ti. Tengo la ilusión romántica de que tú advertirás que lo necesito, y, entonces, te saldrá espontáneamente el hacerlo».

Yo dije: «Oh, bien..., te prometo que desde hoy mismo trataré de advertir cuándo lo necesitas, y hacerlo. Y te agradezco sinceramente que me lo hayas pedido. Si en el futuro olvido darme cuenta, espero que no te importe pedírmelo».

Interesarse por ella cuando parece distante

Precisamente esta mañana he notado que mi esposa estaba algo distante. En vez de dejar pasar el tiempo o no hacerle caso, inmediatamente le he preguntado qué le pasaba. Este es otro ritual importante.

Le he dicho: «¿Te encuentras bien?».

Bonnie ha respondido: «Me siento un poco sola, como la esposa de un escritor».

En vez de tomarme esto como una invitación para una discusión, teniendo en cuenta el tiempo que le dedico a la escritura frente al que le dedico a nuestra relación, he escuchado con mucha atención lo que me estaba diciendo. Se sentía sola. Y eso significaba que lo que quería era un abrazo cariñoso. Luego, en vez de justificarme o defenderme, le he dicho enfáticamente: «Bueno, bueno, cariño, ven aquí que te abrace».

Salir a comer

El mismo principio de pedir lo que deseas vale para todos los rituales románticos. Cuando Cindy está cansada, Bob, su marido, o se ofrece para hacer la comida, o para llevarla a comer fuera. Si él no se da cuenta de cómo está o no se ofrece, ella se lo pide: «Bob, ¿saldremos a cenar fuera esta noche?» o «Bob, ¿te importaría ir a comprar algo de comida hecha?» o «Bob, ¿te importaría hacer hoy tú la cena?».

El lado encantador de este ritual consiste en que cuando vuelven de cenar, Cindy siempre le agradece a Bob que hayan cenado tan bien. Aunque paguen con el dinero de ambos, ella siempre se lo agradece. Si él trae comida preparada, ella se lo reconoce igualmente, como si la hubiera hecho él mismo.

Otro pequeño ritual, propio de las comidas en un restaurante, consiste en preguntar a la mujer qué va a comer y pedir él lo de ambos al camarero. Aunque un hombre no necesita hacer siempre esto, cada vez que lo hace convierte la comida en algo especial. A ella le llega el mensaje de que él está atento, que recuerda lo que a ella le gusta y, en definitiva, que se preocupa de ella.

Que él encargue la comida de los dos no significa en modo alguno que ella no pueda hacerlo. Actuando como lo estamos haciendo es simplemente un ritual romántico que significa: «Tú siempre te ocupas de mí y de los demás; así que deja que sea yo quien me ocupe ahora de ti».

Otro modo de crear una atmósfera romántica en el restaurante consiste en sugerir lo que a ella le gusta. Eso incrementa su sentimiento de que es vista, oída y comprendida. Irónicamente, si ella sugiere lo que podría comer su pareja, él creería que ella lo estaba tratando demasiado maternalmente, lo que no es, en absoluto, nada romántico. Lo que es romántico para ella, no lo es para él.

Cómo ganan puntos los hombres ante ellas

El modo como una mujer puede crear una atmósfera romántica cuando salen a comer, consiste simplemente en pasarlo bien y en apreciar la comida o el restaurante. Cuando van a un restaurante, el hombre tenderá, en el ámbito emocional, a sentirse orgulloso por la comida. Si a ella le gusta la comida, él piensa: «Claro, la he cocinado yo..».

Cuando un hombre invita a salir a una mujer y a ella le gusta, por ejemplo, la película que han ido a ver, él se siente orgulloso, como si pensase: «En efecto, yo he escrito el guión, lo he dirigido y lo he interpretado». Intelectualmente sabe, es obvio, que no ha hecho ninguna de las tres cosas; pero emocionalmente se siente como si las hubiera realizado.

Para mantener el enamoramiento, ella puede ser sensible a

estos sentimientos, aun en el caso de que no le guste la película. No necesita decirle con detalle que no le ha gustado la película. El hombre se siente más romántico cuando ve que tiene éxito en hacerla feliz.

Centrarse en lo positivo

A veces, un hombre tendrá la sensación de que a ella no le ha gustado la película y, para comprobarlo, pregunta: «¿Te ha gustado la película?». Lo que busca no es una respuesta detallada, sino algún comentario agradable y amistoso que le indique que no ha echado a perder la velada.

Para apoyarlo en esos vulnerables y embarazosos momentos, la mujer ha de centrarse en el lado positivo del asunto, y buscar algo bueno y que a ella no le haya disgustado. Podría hacer una pausa larga para dar a entender que está buscando algún aspecto positivo de la película. Cuanto más tiempo tarde en hacerlo, mejor sabrá él que no le ha gustado la película, y más apreciará el hecho de que ella no se queje por ello. Después de esa pausa para encontrar algo que le haya gustado, ella puede ser sincera, pero no hipócrita. Así pues, podría decir: «Me ha gustado la escena del atardecer: tenía una fotografía muy bonita».

Incluso aunque la película no tuviera nada bueno, ella podría decir: «No creo que haya visto nunca una película así». Él captará enseguida el mensaje y cambiará de tema.

También podría decir: «Me lo he pasado muy bien estando contigo». Eso sí que él lo apreciará enormemente.

A ella le parecerá más fácil hacer el esfuerzo de ofrecerle este tipo de comentarios que lo apoyan cuando comprenda que él los reclama, para sentirse satisfecho.

De igual modo que los pequeños regalos y la atención galante de un hombre para con una mujer hace sentirse a ésta amada y romántica, cuando una mujer aprecia los esfuerzos de un hombre por complacerla, él se siente más amado e inclinado hacia lo romántico.

Es la atención continuada a las pequeñas cosas lo que hace

que el enamoramiento perdure. Cuando los hombres y las mujeres ya no tienen secretos los unos para los otros, el enamoramiento desaparece.

Algunas cosas es mejor no decirlas

Una vez, en uno de mis seminarios, mientras compartía este ejemplo sobre las reacciones frente a la película, una mujer dijo: «No me parece honesto hacer eso. ¿Por qué no puedo decirle lo que pienso?».

Yo dije: «Puedo entender tu frustración, pero para ayudarte a comprender mejor la situación, déjame hacerte una pregunta».

La mujer sonrió y asintió con la cabeza.

Continué diciendo: «¿Qué debería decir un hombre si su mujer se está desnudando frente al espejo y dice: "¿Crees que estoy engordando?"». Ella empezó a reír de inmediato y me dijo que había captado el mensaje.

Cuando del amor se trata, hay cosas que es mejor no decirlas, particularmente en ciertos momentos sensibles. La razón por la que los hombres y las mujeres tienden a ser insensibles es que, instintivamente, no comprenden sus diferentes maneras de ser. Un hombre podría pensar: ¿Por qué he de seguir regalándole flores y abriéndole las puertas?; y una mujer podría decir: ¿Por qué he de apreciar lo que él hace? A medida que nos comprendemos mejor unos a otros, estos pequeños rituales devienen divertidos y juguetones, y, lo más importante, son cariñosos, amables y considerados.

A medida que nos comprendemos mejor unos a otros, estos pequeños rituales devienen divertidos y juguetones, y, lo más importante, son cariñosos, amables y considerados.

Si una mujer no comprende este delicado punto, puede, sin darse cuenta, enfriar fácilmente a su pareja en el transcurso de una cita.

Aquí va otro ejemplo: Bonnie y yo íbamos a ver una película excelente. Ambos lo deseábamos. Pero de lo que yo me acuerdo más claramente aún que de la propia película fue del comentario que una mujer hizo a su pareja de esa noche cuando salía del cine.

Él le había preguntado si le había gustado la película. Ella respondió que no le había gustado. Yo observé el desfallecimiento de él cuando dijo: «¿Qué te gustaría hacer ahora?».

Ella dijo: «Me gustaría plantarme frente a este cine y decirle a todo el mundo lo horrorosa que es esta película». Aún recuerdo la mirada de derrota en los ojos de su compañero.

Aquella mujer ni siquiera tenía la más mínima noción de que estaba destruyendo cualquier posibilidad de enamoramiento que hubiera podido haber en el transcurso de esa velada. Ese hombre iba a dudar lo suyo antes de llamarla para ir a ver otra película.

DECIR LA VERDAD

Decir la verdad en una relación es esencial para la intimidad y para la perdurabilidad del enamoramiento; pero el sentido de la oportunidad es igualmente importante. El enamoramiento duradero requiere hablar en el momento oportuno y de un modo que no ofenda, hiera o disguste a tu pareja.

> *Decir la verdad en una relación es esencial para la intimidad y la perdurabilidad del enamoramiento; pero el sentido de la oportunidad es igualmente importante.*

Tener muchos rituales románticos proporciona a ambos, hombres y mujeres, el apoyo emocional que necesitan para ser más sinceros, particularmente acerca de las cosas importantes. Cuando un hombre se siente apreciado, le es más fácil oír y responder cariñosamente a sus sentimientos y a sus necesidades. Cuando él no se siente apreciado y la oye hablar sobre sus problemas, la escucha como quien oye un reproche por no hacer lo suficiente.

Tener muchos rituales románticos proporciona a la pareja el apoyo emocional que necesitan para ser más sinceros, particularmente acerca de las cosas importantes.

Escuchar los sentimientos de la mujer constituye una nueva habilidad para los hombres. Tradicionalmente no se ha esperado de los hombres que escuchen empáticamente, esto es, poniéndose en su lugar, los sentimientos de las mujeres. Si una mujer estaba preocupada, atribulada, él apenas si podía «hacer algo» o «arreglar algo» para hacerla sentirse mejor. Cuando una mujer necesitaba que se pusieran en su lugar, que la apoyaran emocionalmente, no solía dirigirse a un hombre, sino a otra mujer. Hasta hace poco, las mujeres ni siquiera querían hablar con los hombres acerca de sus propios sentimientos.

POR QUÉ LA CONVERSACIÓN AYUDA AL ENAMORAMIENTO

Hoy las mujeres no tienen tiempo para ellas. A diferentes niveles, también están sobresaturadas con todo lo que tienen que hacer. Faltándoles el apoyo de otras mujeres y teniendo que actuar de un modo muy profesional en el trabajo, muchas mujeres no sólo quieren compartir sus sentimientos al acabar el día, sino que realmente están ansiosas por hacerlo. Desde una perspectiva mágica, este nuevo dilema puede ser, de hecho, una magnífica oportunidad para el enamoramiento.

Como ya hemos tratado con anterioridad, los hombres necesitan sentirse necesitados y apreciados. Ese es su carburante emocional básico. Un gran problema se plantea cuando las mujeres pueden procurarse protección a sí mismas. De una forma muy cruda, los hombres quedan entonces fuera de juego; han sido apartados del trabajo que habían tenido en exclusiva durante miles de años.

Aunque las mujeres no dependen ya de los hombres para estar protegidas, de repente han descubierto una necesidad emergente: un hombre a quien poder hablar; un compañero que verdaderamente se preocupe por ellas y las escuche. Las mujeres hoy en día necesitan comunicarse y sentirse escuchadas al final del día.

La importancia de la comunicación

A veces, incluso antes de que ella pueda apreciar los gestos románticos, una mujer necesita comunicarse y sentirse escuchada. De igual modo que el sexo conecta a un hombre con sus sentimientos, la comunicación conecta a una mujer con su necesidad de enamoramiento.

> *De igual modo que el sexo conecta a un hombre con sus sentimientos, la comunicación conecta a una mujer con su necesidad de enamoramiento.*

Durante los últimos veinte años, la falta de comunicación en las relaciones íntimas ha constituido la principal queja de las mujeres. La razón de esto es bien simple: las mujeres volcadas hacia el trabajo necesitan hablar más acerca de sus sentimientos para afrontar con éxito el estrés de su exceso de responsabilidad.

> *Las mujeres volcadas hacia el trabajo necesitan hablar más acerca de sus sentimientos para afrontar con éxito el estrés de su exceso de responsabilidad.*

Aprendiendo a satisfacer esta nueva necesidad emergente de hablar con su pareja, un hombre vuelve a tomar las riendas para encargarse de ella de un modo nuevo e igualmente importante. Aprendiendo gradualmente a escuchar, un hombre ayuda a una mujer a liberarse de un sentimiento de agobio y le da una razón para que lo aprecie.

ABRIR LA PUERTA DEL COCHE

Los rituales o hábitos románticos son las vías por las que tus sentimientos profundos pueden ser fácilmente expresados. Abrir la puerta del coche a su mujer es otro de esos rituales. Particularmente para los hombres, hacer tales cosas es un modo de mostrar amor. Cuando una mujer aprecia sus esfuerzos, el hombre no sólo se siente más cerca de ella, sino que su corazón comienza a abrirse también.

> *Los rituales o hábitos románticos son las vías por las que tus más profundos sentimientos pueden ser fácilmente expresados.*

Cuando la pareja sale, él debería ir a su lado y abrirle la puerta del coche, aunque tenga cierre automático. Si comienza a olvidar esto, ella puede recordárselo al aproximarse al coche limitándose a colgarse de su brazo, de modo que él naturalmente la escolte hasta su puerta.

Incluso si él le está abriendo la puerta, el acto femenino de acurrucarse junto a su hombro y rodearlo con sus brazos es muy satisfactorio para ambos.

TOMA NOTA

Otro ritual romántico es anotar una petición. Cuando una mujer pide algo y el compañero no puede darle una respuesta inmediata, lo mejor para ella es verle tomar nota. Si él no lo anota, ella cree que se lo tendrá que repetir una y mil veces. Una mujer se siente cortejada por un hombre que la escucha y que rápidamente intenta dar respuesta a su deseo o al menos lo anota. Este tipo de respuestas inmediatas le proporciona el sentimiento de que él está allí realmente por ella. Del mismo modo que a los hombres les gusta que las mujeres respondan sexualmente, a las mujeres les gusta que los hombres atiendan sus pequeños requerimientos.

> *Del mismo modo que a los hombres les gusta que las mujeres respondan sexualmente, a las mujeres les gusta que los hombres atiendan sus pequeños requerimientos.*

Cuando sea posible, si su petición puede atenderse inmediatamente, en un plazo no superior a dos minutos, el mejor modo que él tiene para que el enamoramiento perdure es hacerlo enseguida. Una respuesta rápida satisface mucho a una mujer. Cuando ella dice, por ejemplo: «la bombilla de la tulipa del pasillo se ha fundido», él puede pensar: «eso se arregla en dos minutos, hazlo ya», y acabar diciendo: «enseguida la cambio». Antes de que yo comprendiera la importancia infinita que esas pequeñas cosas tienen para las mujeres, seguramente hubiera puesto en el último lugar de mi lista de prioridades cambiar esa bombilla, pues las restantes del pasillo funcionaban. No la habría repuesto hasta bastante más tarde.

La verdad es que a un hombre no le lleva más de dos minutos desenroscar una bombilla y enroscar otra. Cuando una mujer hace una petición en ese sentido, un hombre inteligente responde al momento, algo que ella adora.

No se trata, en absoluto, de que el hombre deba estar totalmente disponible para cualquier cosa que ella quiera o desee. Los hombres, por supuesto, pueden estar muy ocupados o cansados, y también necesitar hacer cosas para ellos, de igual manera que las mujeres las hacen para sí mismas. Si ella dice que el jardín está hecho una selva, él no tiene que saltar del asiento, salir y empezar a limpiarlo. Ese tipo de peticiones implica mucha dedicación, hasta que se acaba el trabajo. Puede anotarse, sencillamente, en la lista de «cosas por hacer».

De igual manera que un hombre necesita escuchar a una mujer y responder a sus necesidades y peticiones del mejor modo posible, la forma como una mujer puede crear una relación romántica es no creyendo que él está obligado a hacer todo lo que ella quiera. Habrá veces, ciertamente, en que ella no responderá apreciando sus esfuerzos, de la misma forma que habrá ocasiones en que él no responderá inmediatamente a sus peticiones; pero estando al tanto de cómo funciona esta dinámica básica, ambos se moverán en una misma dirección cordial.

A medida que las parejas se empeñan en mantener vivo su enamoramiento, la tarea se vuelve más y más fácil. Cuando un hombre sabe de antemano que ella apreciará lo que haga, él tendrá más energía para hacerlo. Cuando una mujer sabe de antemano que él la escuchará y responderá a sus requerimientos, se siente más comprensiva y puede reconocer y apreciar con más facilidad lo que él hace, además de perdonarle por las veces en que él se equivoca o parece estar muy centrado en sus cosas o simplemente está demasiado perezoso.

Cuando una mujer hace saber a un hombre, de manera fehaciente, lo buena persona que es por las pequeñas cosas que hace, él continuará haciéndolas. Consigue sacar lo mejor de él. Sin su apoyo, él probablemente volvería a centrarse, de modo inconsciente y exclusivo, en los grandes asuntos, como ganar dinero y aportar más ayuda a la casa. Cuando él hace pequeñas cosas para ella, eso le da a la mujer la oportunidad de sentir su amor por él una y otra vez. Ella puede amarlo, pero si él no hace cosas por ella, a la mujer le puede resultar duro albergar sentimientos románticos hacia él.

Los rituales necesitan tiempo para desarrollarse, pero cada vez que un hombre adquiere el hábito de hacer lo que a una mujer le gusta que haga, y ella no deja de agradecérselo, en vez de creer que es su obligación, él se sentirá motivado para hacer un poco más.

PASEAR JUNTOS

Uno de los rituales románticos de Robert y Cher es pasear juntos. A Cher le encanta pasear. Al comienzo de su relación, Robert era una persona adicta al trabajo. Cuando Cher lo invitaba a pasear, él decía que no porque tenía que trabajar.

Un día, él se dio cuenta de que un paseo no le llevaba más de quince o veinte minutos, y como a Cher le encantaba hacerlo, consideró que probablemente sería algo bueno para su relación. Recordó que cuando ella estaba molesta decía cosas como: «Estamos demasiado ocupados, nunca tenemos tiempo para nosotros».

De forma experimental, él comenzó a dar pequeños paseos con ella. Robert no lo veía muy claro, pero ahora es un incondicional. Al principio ellos paseaban y ella hablaba. Tenía la mente demasiado ocupada con las cosas del trabajo. A ella le podía haber molestado que él pensase en su trabajo todo el tiempo; pero en vez de eso, y muy sabiamente, disfrutó de estar con él, sin esperar nada más. Cher estaba contenta de hablar acerca de lo bellos que estaban los árboles de su barrio.

Gradualmente, porque era algo que la hacía feliz, a él empezó a gustarle más y más. Ahora él sale a pasear incluso aunque ella no esté. Le encanta. Es una pausa magnífica para cualquier actividad, y cuando regresa está más relajado, tiene una mayor claridad de ideas y es más eficiente.

LA SALIDA NOCTURNA

Philip y Lori se han asegurado de que al menos una noche a la semana se la reservan para salir y divertirse, sin sentir la presión del hogar y de la familia. A veces, por supuesto, salen otros días también, pero su noche fija es la del martes.

Los martes por la noche van al cine. A los dos les encanta el cine. Cada quince días, además, cambian la película por algo más cultural, como una obra de teatro o un concierto.

Esta clase de pequeños rituales son particularmente importantes para las mujeres, porque les depara la profunda convicción interior de que conseguirán el apoyo emocional que necesitan en una relación para enfrentarse al estrés de la vida diaria.

Cada semana, Craig tiene la costumbre, el rito, en realidad, de ir al cine o hacer algo con los amigos. Por lo general van a ver una película «para tíos», ese tipo de películas que a su esposa, Sarah, no le gustan.

Aunque este tipo de ritual no parezca reafirmar la relación de pareja, sí que lo hace. Pasar el rato con los amigos le aparta de esperar conseguir todo su apoyo emocional de Sarah. El tiempo que está separado de ella le ayuda a sentirse completamente libre para ser él mismo. El resultado es que él comienza a echarla de menos y a querer estar con ella aún más.

Sarah lo comprende porque ella aprecia el apoyo que recibió de él para salir con sus amigas. Craig reconoce que para ella es casi vital satisfacer algunas de sus necesidades encontrándose con sus amigas, de modo que ella no lo busque a él para todo.

Cuando Craig sale con los amigos, la aceptación de ella consigue que él se sienta apoyado. Antes, Sarah solía mirarle dolida cuando salía con los amigos. Ahora, incluso le anima a salir con ellos, si ve que a él se le olvida.

Encender la chimenea

Charley y Carol construyen su ritual en torno al hecho de encender la chimenea. En invierno, cuando Charley tenía frío, él solía enchufar la calefacción. Ahora, él busca primero a su esposa y le pregunta si tiene frío. Que cuente con ella para esto, la hace sentirse especial.

Cuando él quiere crear una atmósfera más romántica, se ofrecerá para encender la chimenea. Hay algo muy especial en el hecho de que un hombre encienda la chimenea para una mujer. Ciertos sentimientos primarios se despiertan. Por eso hay muy buenas razones para que los dormitorios tengan chimenea.

Cuando se instalaron por primera vez en su casa del bosque, Carol planeó hacer mil y un cambios. A Charley le parecieron bien, pero a medida que él continuaba respaldando sus iniciativas, siguió pensando en qué era lo que a él le apetecería cambiar.

Finalmente, quiso una chimenea de esas automáticas que se alimentan de gas. Al girar el interruptor, se enciende automáticamente y el fuego está ya listo. A Carol, sin embargo, no le iba mucho lo de las chimeneas de alta tecnología.

Cuando él lo sugirió, ella le respondió, aunque de modo constructivo: «Parece una buena idea. Y me imagino por qué te gusta algo así».

Tras una pausa, él comenzó a pensar: «Fantástico, también le gusta a ella».

Entonces ella dijo: «No sé, siento algo muy especial cuando tú enciendes la chimenea. Es algo primario». Como él comprendía el poder de los rituales románticos, abandonó la idea de la chimenea de alta tecnología, y nunca se ha arrepentido de ello.

Para crear una atmósfera romántica, lo único que necesita, en definitiva, es encender la chimenea. Él espera hasta que ella entra en casa y después pone los troncos que necesita, se sienta frente a la chimenea y comienza el ritual de encender el fuego.

Ella aprecia sus esfuerzos y nota que él se preocupa por ella. A veces es ella quien enciende el fuego, pero aunque es algo bonito, no aviva automáticamente sus sentimientos románticos.

QUIÉN LLEVA LA LEÑA

En el día a día de su existencia, una mujer moderna ya no experimenta con tanta fuerza como antes el sentimiento de que un hombre se preocupa por ella. Sí, aún sale a trabajar duro para ella; pero también sale ella a trabajar tan duro como él. El amor es algo que la ayuda a sentir que no está sola, que hay alguien a su lado. Cualquier pequeña cosa que él haga expresamente para ella, le dice que se preocupa por ella y, además, crea un sentimiento romántico.

Un día, Charley empezó a pedirle a Jeff, quien le ayudaba con el jardín una vez al mes, que apilara la leña para el fuego dentro de la casa y que lo dejara todo preparado para encenderla. Cuando él encendía esos leños que habían sido preparados previamente por Jeff, Charley se dio cuenta de que no tenían el mismo efecto sobre su esposa que cuando él se encargaba de hacerlo todo.

Conscientemente, podría pensar: «Si yo pago a Jeff, soy yo quien se merece el agradecimiento». Pero desde la perspectiva emocional de Carol, poco le importaba a ésta si Charley le pagaba o no a Jeff por hacerlo. Para que se cree una atmósfera romántica, una mujer necesita a veces contemplar a su marido en plena faena.

Este es un aspecto muy importante de los rituales románticos. A las mujeres les gusta ver a los hombres trabajando para ellas o sacrificándose por ellas. En un nivel emocional profundo, si su marido transporta los gruesos troncos y se toma su tiempo para encender él solo y desde el principio el fuego de la chimenea, ella percibe que él se está esforzando por su bienestar, por lo que ella se siente muy amada.

Es algo muy distinto de esforzarse para quienes le pagan, y después llevar el dinero a casa. Desde un punto de vista emocional, cuando él está ganando su salario, dirige su atención y energía hacia quienes le pagan por trabajar para ellos, y no hacia ella. Para generar un estado romántico, una mujer necesita sentir que la energía de un hombre se emplea directamente para su servicio.

Para generar un estado romántico, una mujer necesita sentir que la energía de un hombre se emplea directamente para su servicio.

SACAR LA BASURA

Una mujer suele apreciar particularmente el que un hombre haga aquello que no le gusta hacer, y que lo haga de buena gana. Un magnífico ejemplo de esto sería sacar la basura.

Larry no estaba acostumbrado a sacarla. Pero la insistencia de Rose que le pedía, sin exigírselo, que lo hiciera, para después apreciar su acción, consiguió que Larry cambiase de actitud.

Ahora, cuando ella parece un poco distante o frustrada, él se afana por saber si es necesario sacar ya la basura. Y esta respuesta se produce porque sabe lo bien que ella recibe que él la saque. No sólo es que ayude, es un símbolo de algo más.

Significa que él está deseando dejar a un lado sus propios intereses y hacer todo aquello que consiga que su vida de pareja funcione. Significa que él no está por encima del trabajo doméstico. Significa que ella no está sola, y que él aprecia su esfuerzo y que está dispuesto a aliviarla de su pesada carga. Significa que él se preocupa. Cuando llega a casa, él se siente feliz de ser su... jefe de mantenimiento.

AYUDAR A LAVAR LOS PLATOS

Cuando Bonnie y yo nos casamos, le dije que yo me ocuparía de nuestros hijos y de hacer labores domésticas, pero que no me gustaba lavar platos.

Yo dije: «No me gusta lavar platos y no quiero que nadie me haga sentirme culpable porque no quiero hacerlo. Si a ti no te gusta hacerlo tampoco, podemos contratar a alguien para que lo haga».

Ella dijo que estaba de acuerdo y que a ella le gustaba hacerlo. Cuando estaba embarazada de nuestra hija Laura, me di cuenta de que estaba agotada a la hora de lavar los platos por la noche. Le propuse, entonces, hacerlo; pero que después volveríamos al viejo sistema.

Cada noche, mientras yo lavaba los platos, ella se mostraba muy cariñosa. Me trataba como si fuera un ser maravilloso, por hacerlo. Unos cuantos meses después del nacimiento de Laura, yo estaba feliz de poder devolverle el trabajo. Ella apreció que yo lo hubiera hecho durante todos esos meses y no le importó en absoluto tener que volverlo a hacer.

Después de algunos meses, yo empecé a echar de menos

los elogios que me dedicaba por hacerlo, así que acechaba los momentos en que la viera cansada para reemplazarla, con lo que ella estaba feliz y sus elogios me hacían feliz a mí.

Ahora, lavo los platos muy a menudo. Hacerlo es una manera de conseguir su amor. Ella nunca da por sentado que yo tenga que hacerlo y siempre me lo agradece.

Un día, alguien preguntó a mis hijos quién lavaba más los platos. Ellos dijeron unánimemente que yo. Bonnie dijo que ella, y entabló una polémica con los niños. Yo les expliqué que su madre lo hacía más a menudo que yo, pero que había una buena razón para que ellos pensaran que yo los lavaba más.

De una forma juguetona les dije: «Yo sólo los lavo cuando alguien me ve hacerlo». Como cualquier otro ritual romántico, lavar los platos es un modo que yo tengo de ayudarla y de que ella me lo aprecie. Y tanto una cosa como la otra la tengo presente a la hora de hacerlo.

LAVAR LOS PLATOS ES UN EXCELENTE PRELIMINAR ERÓTICO

A veces, cuando mi mujer está realmente cansada y se va a la cama sin limpiar la cocina, yo me quedo y lavo los platos. Rara vez tardo más de veinte o treinta minutos en acabar. Cuando ella se levanta por la mañana y se encuentra la cocina limpia, siente una increíble mezcla de alegría y alivio. Instantáneamente, su amor por mí se multiplica.

En muchas ocasiones, ella regresa para despertarme de la más dulce de las maneras. A medida que me abraza más fuerte, ella susurra en mi oído: «¿Has limpiado tú la cocina?». Yo sonrío y digo: «Ajá». Ella me devuelve la sonrisa y continúa deleitándome con la más placentera de las delicias matinales.

Esto no significa que cada vez que limpio la cocina ella quiera practicar el sexo conmigo. Eso no sería nada romántico. Sería un intercambio comercial.

Que lavar los platos nos acabe llevando a un encuentro sexual se debe a que ella se siente amada por lo que yo hago.

De modo natural, ella comienza a sentirse excitada. Así pues, sabiendo lo mucho que estima mi ayuda, el lavar los platos se convierte en una actividad satisfactoria para mí.

Salidas culturales

Grant y Teresa consideran las salidas culturales un ritual romántico. Tanto Grant como Teresa disfrutan mucho yendo al cine, pero a veces a Teresa también le gusta ir al teatro o a un concierto. A Grant le costó años entender lo importante que era para ella salir a algún sitio que no fuera siempre al cine. Como él se divertía muchísimo en el cine, dio por sentado que a ella le ocurría otro tanto.

A Teresa le gustaba el cine, sí, pero también quería hacer otras cosas. Su ritual romántico ahora consiste en que ella menciona ciertos acontecimientos culturales y él se encarga de buscar una fecha y sacar las entradas.

Todo lo que ella tiene que decir es que han estrenado una nueva obra de teatro. Él capta la sugerencia y enseguida busca una fecha. Él podría decir: «¡Qué magnífica idea! Vayamos el jueves por la noche». Cuando él propone una salida así, ella se siente amada, tratada románticamente y percibe que él se preocupa por ella.

Grant aún recuerda la primera vez que se dio cuenta de lo importante que era asistir a acontecimientos culturales para hacer más romántica la relación. Fue antes de que se encargara de esos asuntos. Después de sugerir que fueran juntos a oír una sinfonía, Teresa tomó la iniciativa y compró las entradas.

Fue un concierto extraordinario y, de vuelta a casa, ella lo sorprendió. Él sabía que le había gustado, pero ignoraba cuánto.

Ella dijo: «Gracias por llevarme. Ha sido estupendo».

Entonces, después de una pausa, añadió: «Me estoy sintiendo húmeda».

Él exclamó. «¿Húmeda!».

Ella asintió: «Ya lo creo...».

Él estaba tan excitado que cuando llegaron al garaje de su domicilio, se quitó la ropa y lo hicieron allí mismo, en el coche.

No es necesario añadir que, al día siguiente, cuando Grant se levantó, llamó al teatro para sacar un abono para toda la temporada.

Piropear

Otro pequeño ritual consiste en piropear a una mujer cada vez que se arregla, lleva algo diferente o se ha esmerado en embellecerse. Las mujeres se frustran mucho si los hombres no se han dado cuenta de sus esfuerzos en ese sentido.

Mientras Lucille se tomaba su tiempo para arreglarse antes de salir, Steve esperaba abajo. Después ella bajaría los escalones y, en vez de apresurarse, se pararía a medio descenso para que Steve la contemplara y apreciara su belleza.

Él no entendía ese ritual femenino y, en vez de piropearla, decía: «Venga, va, que se nos hace tarde». Eso no funcionaba.

Finalmente, ella decidió ayudarlo. La próxima vez se pararía en las escaleras y diría: «¿Cómo estoy?».

Sin comprender aún la importancia de la pregunta, Steve dijo: «Pero date prisa, que se nos hace tarde».

Tampoco funcionó. Hasta que Steve no aprendió las diferencias entre hombres y mujeres, no se dio cuenta de su error.

Ahora, cuando ella baja las escaleras, él la mira con detenimiento para apreciar su belleza. Aquí va una lista de las frases expresivas que los hombres pueden usar para piropear con gracia a una mujer:

«Estás preciosa»
«Esta noche estás deslumbrante»
«Me gusta cómo te queda ese vestido»
«Estás maravillosa»
«Fabulosa, fabulosa»
«¡Increíble!»

«Me gusta cómo te has vestido esta noche»
«Tus pendientes son preciosos»
«Me encantan esos colores»
«Estás espectacular»
«Estás increíblemente hermosa»
«Estás que tiras de espalda»
«Estás ardiente»
«Estás muy sexy esta noche»
«Tus piernas me vuelven loco»
«Estás radiante»
«Estás adorable esta noche»
«¡Qué gusto tienes para arreglarte!»

Con este tipo de piropos no dudes en añadir cuantos más recursos hiperbólicos mejor, al estilo de verdaderamente hermosa, muy bella o increíblemente hermosa.

EL PODER DE LA CARICIA

Que un hombre extienda su mano para acariciar o para coger de la mano a su compañera es ya un motivo de excitación para las mujeres. Mientras los hombres suelen ir de la mano durante el periodo de noviazgo, después abandonan esta costumbre. Y es una gran pérdida. A una mujer le encanta que un hombre quiera conectar con ella de esa forma. Una mujer no se siente amada si él sólo quiere tocarla cuando desea relaciones sexuales.

Una mujer no se siente amada si él sólo quiere tocarla cuando desea relaciones sexuales.

Si un hombre quiere que su pareja se sienta receptiva respecto al sexo, necesita acariciarla de un modo afectuoso muchas veces cada día, aun cuando no desea relaciones sexuales. Puede cogerla de la mano, rodearla con el brazo, abrazarla por los hombros, y todo ello sin que implique que desee un encuentro sexual. Si el único momento en que él la acaricia es cuando desea relaciones sexuales, ella comienza a sentirse utilizada o a pensar que se da por supuesto que ella sólo lo merece en esas ocasiones.

Si el único momento en que él la acaricia es cuando desea relaciones sexuales, ella comienza a sentirse utilizada o a pensar que se da por supuesto que ella sólo lo merece en esas ocasiones.

Cuando él la coge de la mano, debería recordar que ha de ser atento y afectuoso. Muchas veces un hombre olvida que la lleva de la mano y ella, al final, acaba sosteniendo un muñón, una mano muerta. Cuando él necesita prestar atención a algo, se limita a soltar su mano. Ella, por otro lado, tampoco quiere ir de la mano todo el tiempo. Es sólo un modo de establecer contacto durante unos pocos minutos.

Cuando yo comencé a ser más cariñoso y a acariciar a Bonnie muchas veces, percibí una gran diferencia. No podía ni imaginar que un cambio tan pequeño tuviera tan decisiva influencia. Había oído que las mujeres necesitan ser acariciadas veinte veces al día de un modo no sexual para ayudar a fortalecer su autoestima. Cuando lo oí, pensé que me gustaría experimentarlo. Comencé por diez veces al día, y la cosa funcionó perfectamente. Acto seguido ella empezó a estar radiante. Ahora soy mucho más cariñoso cuando estoy a su lado.

Al comienzo lo hacía porque sabía que a ella le gustaba. Cada vez que la tocaba, podía sentir con toda claridad que ella se derretía por las caricias. La volvían loca. Yo pensé: «¡Qué gran descubrimiento!». Luego, a medida que pasaba el tiempo, yo también empecé a disfrutar con ellas.

Acariciarla no sólo es un modo excelente de conectar con ella y de sentirnos próximos en cualquier momento, sino que también suaviza las inevitables tiranteces del trato diario y nos reconcilia con nuestros mutuos sentimientos de amor.

Todos estos rituales románticos son simples pero poderosamente efectivos. Nos ayudan a reencontrarnos con esos sentimientos de atracción y pasión, tan especiales, y que sólo podemos sentir cuando existe una conexión emocional entre la pareja. Estos rituales aseguran que el hombre siempre puede hacer algo para ganarse el amor de su pareja, y que la mujer puede conseguir la atención especial y el apoyo que ella necesita para seguir estando apasionadamente atraída por su pareja.

Estos rituales aseguran que el hombre siempre puede hacer algo para ganarse el amor de su pareja, y que la mujer puede conseguir la atención especial y el apoyo que ella necesita para seguir estando apasionadamente atraída por su pareja.

Manteniendo vivo el enamoramiento y practicando técnicas avanzadas de alcoba, podrás continuar disfrutando del sexo. Ojalá puedas ganar en amor y en pasión y disfrutar del regalo más especial de Dios. Tú te lo mereces.

S=EX^2: LA CIENCIA DEL SEXO
de Pere Estupinyà

Una aproximación al sexo innovadora y original que revolucionará nuestra mente y quizá también nuestro comportamiento, *La ciencia del sexo* es el libro más riguroso, ameno y completo jamás escrito sobre el fascinante estudio científico de la sexualidad humana. Por amor a la ciencia, Pere Estupinyà se sumerge en una novedosa investigación: participa en un estudio sobre disfunción eréctil y el orgasmo masculino, visita centros de referencia como el prestigioso Instituto Kinsey, se infiltra en clínicas de medicina sexual, acude a congresos internacionales de sexología, y entrevista a científicos expertos en sexualidad. Pero también habla directamente con asexuales, fetichistas, mujeres multiorgásmicas, anorgásmicas, intersexuales; pasa una noche en un club de swingers de Nueva York; participa en eventos sadomasoquistas; habla con actores y actrices porno y acude a talleres donde una mujer enseña a tener orgasmos con ayuda de la respiración y la mente. Todo esto acompañado de una revisión exhaustiva de bibliografía científica donde encuentra valiosas publicaciones sobre los procesos inconscientes de la atracción, las citas *online*, nuestra naturaleza polígama versus la monógama, la relación entre el placer y el dolor, las disfunciones sexuales más frecuentes, y mucho más. En *La ciencia del sexo* encontrarás infinidad de anécdotas históricas, consejos prácticos, reflexiones profundas, y respuestas a qué nos ocurre cuando estamos disfrutando de la actividad que más nos interesa, pero que paradójicamente la ciencia tiene más reparos en explorar.

Sexualidad/Ciencia

EL PLACER DEL SEXO
de Alex Comfort

El placer del sexo es una obra que ha hecho historia como libro de cabecera sobre el amor y las relaciones sexuales. Abierta, desinhibida, escrita con amenidad y elegancia, rompió todos los tabúes cuando fue publicada por primera vez a principios de los años setenta. No sólo mostró que la sexualidad es mucho más variada y gratificante cuando se comparte de manera libre y abierta con la pareja, sino que además puede —y debe— aprenderse y practicarse. Temas como la seducción, el sexo, el embarazo y el placer clitorial son tratados con rigor, haciendo hincapié en los detalles prácticos y destacando la importancia de una vida sexual sana y saludable. Esta nueva edición, completamente revisada y con más de ochenta magníficas y provocativas ilustraciones y fotografías, es la única guía que tú y tu pareja necesitan para hacer que sus relaciones sexuales sean más ricas y excitantes.

Autoayuda/Sexualidad

EL AMOR COMO FORMA DE VIDA
Siete claves para transformar su vida
de Gary Chapman

Gary Chapman nos ofrece un poderoso plan para lograr toda una vida de felicidad con ejercicios sencillos pero intensos, y la sabiduría necesaria para descubrir la vida que siempre has buscado. Con unas estrategias innovadoras para cultivar nuevas formas de aceptar y responder al don del amor, *El amor como forma de vida* te educará en las virtudes esenciales de la amabilidad, la paciencia, el perdón, la cortesía, la humildad, la generosidad y la sinceridad. Estimulantes consejos e historias memorables de la vida real hacen de este libro una herramienta esencial para compartir con otros, dando lugar a conversaciones decisivas sobre las increíbles posibilidades que surgen cuando el amor se convierte en un hábito.

Autoayuda/Motivación

LOS 7 PASOS PARA EL ÉXITO EN EL AMOR
Cómo crear la intimidad física y emocional para una relación feliz y sana
de Dra. Isabela

Con *Los 7 pasos para el éxito en el amor*, la anfitriona del programa de consejos más popular en Univision Radio te ofrece la guía imprescindible para lograr una relación de pareja feliz y sana en tan sólo siete pasos. Utilizando ejercicios prácticos, formularios fáciles y ejemplos de la vida real, la Dra. Isabel te enseña cómo: crear la intimidad física, emocional y espiritual que forma el vínculo más fuerte que puede existir entre dos seres humanos; quitar las piedras en el camino de la comunicación y utilizar el lenguaje verbal y corporal que nos une en vez de separarnos; reconocer y manejar los patrones de conducta que afectan una relación; solucionar los problemas de pareja sin ira y sin herir; encontrar el camino hacia el amor en tan sólo 20 minutos cada día; disfrutar de una vida sexual dinámica, intensa y romántica en todas las etapas de la vida; y mucho, mucho más.

Autoayuda

AMA Y NO SUFRAS
Cómo disfrutar plenamente de la vida en pareja
de Walter Riso

Con demasiada frecuencia, el amor nos hace sufrir. Incluso aquellas personas que han encontrado su pareja perfecta tienen momentos de inseguridad y frustración. En *Ama y no sufras*, Walter Riso, uno de los más conocidos autores de autoayuda, nos muestra cómo abandonar aquellos aspectos de nuestras relaciones que atraen la infelicidad, enseñándonos cómo avanzar hacia relaciones más gratificantes.

Autoayuda

¿AMAR O DEPENDER?

de Walter Riso

Entregarse afectivamente no implica desaparecer sino integrarse en el otro. El amor sano es una suma de dos en la que nadie pierde. Sin embargo, millones de personas en todo el mundo son víctimas de relaciones amorosas inadecuadas y no saben qué hacer al respecto, ya que el miedo a la pérdida, a la soledad o al abandono contamina el vínculo amoroso y lo vuelve altamente vulnerable. Un amor inseguro es una bomba que puede estallar en cualquier momento y lastimarnos profundamente. En *¿Amar o depender?*, Walter Riso, uno de los más conocidos autores de autoayuda, nos enseña que sí es posible vivir con independencia y aun así seguir amando, eliminando las ataduras psicológicas y manteniendo vivo el fuego del amor. La adicción afectiva es una enfermedad que tiene cura y, lo más importante, puede prevenirse. Este revelador libro pretende ayudar a aquellas personas que son o han sido víctimas de un amor malsano y guiar a las parejas sanas para que sigan trabajando en la costumbre de amar intensamente y sin apegos.

Autoayuda